打开二胎家庭的
幸福密码

田冉 —— 著

吉林出版集团股份有限公司 ｜ 全国百佳图书出版单位

图书在版编目（CIP）数据

打开二胎家庭的幸福密码 / 田冉著. -- 长春 : 吉林出版集团股份有限公司, 2022.7
（妈妈是女王）
ISBN 978-7-5731-1681-9

Ⅰ.①打… Ⅱ.①田… Ⅲ.①家庭教育 Ⅳ.①G78

中国版本图书馆CIP数据核字(2022)第117266号

打开二胎家庭的幸福密码
DAKAI ERTAI JIATING DE XINGFU MIMA

著　　者　田　冉
出 版 人　吴　强
责任编辑　孙　璐　李　浩
责任校对　宋倪玮
开　　本　880 mm × 1230 mm　1/32
印　　张　8.25
字　　数　159千字
印　　数　5000
版　　次　2022年7月第1版
印　　次　2022年7月第1次印刷
出　　版　吉林出版集团股份有限公司
发　　行　吉林音像出版社有限责任公司
　　　　　（吉林省长春市南关区福祉大路5788号）
电　　话　0431-81629667
印　　刷　固安兰星球彩色印刷有限公司
ISBN 978-7-5731-1681-9　　定　价　56.80元

如发现印装质量问题，影响阅读，请与出版社联系调换。

　　做母亲的有一个苹果，是自己吃了感觉美好，还是给孩子吃了感觉美好？做子女的有一个苹果，是自己吃了感觉美好，还是给父母吃了感觉美好？有觉悟有担当的老大有一个苹果，是自己吃了感觉美好，还是给弟弟妹妹吃了感觉美好？心怀感激之情的老二有一个苹果，是自己吃了感觉美好，还是给哥哥姐姐吃了感觉美好？

　　"苹果的故事"告诉我们，人与人之间的关系和公平与否没有关联，内在的感受才是每个人追求的核心。

　　二胎问题就其核心而言是人与人之间的关系问题，人与人之间关系的核心是内在感受而不是表象的道理，更不是来自第三方的评价。就像夫妻一样，什么是良好的夫妻关系？吵吵闹闹，相敬如宾，还是永葆激情？没有一个表象的标准，更没有什么对错，只要双方感受都是美好的，即便每天吵吵闹闹也是幸福的。

　　二胎关系就像是弹钢琴，研究某一个具体音符没有任何意义，

1

音乐的美妙在于音与音之间关系的和谐，而不是去关注一个音的高低与强弱。二胎关系的艺术也在于此，互动关系美好与否是核心，而不是去关注每个孩子的个体行为与思维。

之前我们把二胎问题割裂成了老大的问题或老二的问题，认为只要把两个孩子分开了，从意识层面就有了自我的选择，但是站在教育的角度，这种做法对两个孩子的成长都造成了非常不利的影响。对父母而言呢？不但降低了我们的权重，而且增加了很多痛苦。

站在高维视角下处理二胎问题有一个基本原则，叫作血浓于水。只要我们把两个孩子当作一个整体去看待，他们就会拥有血浓于水的情谊。处理二胎问题还有一个基本方法，那就是把两个孩子往一个"阵营"里推，增加他们的互动与亲密度。

我希望大家能够用看普通书籍速度的 1/2 或 1/4 来看这本书，因为关系类的内容不是道理和技巧可以诠释得清楚的，我们需要去体会，体会人与人之间的互动，体会信息的获取与传递，更要体会一个人的行为和思维方式是如何造就的。

　　本书不是告诉大家在以往的思维方式下如何解决问题，而是站在高维视角以及两个孩子的互动关系下，如何看待问题以及避免问题的发生。

　　家庭教育的主旨是丰富孩子的内在感受，素质教育的核心是为孩子建立优质的内在感受。二胎家庭如果成为社会普遍现象，会在一定程度上提升社会整体层面的素质水平，因为孩子们在自然互动的过程中所具备的丰富感知和高维的思维方式，是提升社会整体素质的核心要素。

目录
Catalogue

1

第一章

从"苹果"的分配
看二胎之间的矛盾

在面对两个孩子时，你可能想要做一位"端水大师"，但结果你会发现，即便找到两个一模一样的苹果，把它们分别拿给家里的两个孩子，他们也不一定认为你就是公平的。教育不是父母怎么做，而是孩子怎么想。

Part 1
二胎家庭的苹果该怎么分？

苹果该怎么分的问题，对于二胎家庭的父母而言是个考验。假设是有兄弟两个的二胎家庭，父母现在有一大一小两个苹果。

> 小的给了哥哥："你是哥哥，应该让着弟弟。"
>
> 哥哥："凭什么？我们可都是您的孩子啊！"
>
> 小的给了弟弟："你还小，大的吃不了，吃个小的就可以了。"
>
> 弟弟："我不，我还是想要大的！"

可能有人会想，一大一小两个苹果确实比较难分配，因为拿到小苹果的孩子会认为不公平。那我们再假设二胎家庭的父母找到了两个一模一样的苹果，分别拿给哥哥和弟弟，他们就会认为

打开二胎家庭的幸福密码

公平了吗？

哥哥在面对这样"所谓公平"的场景时，很可能会想："他没出现的时候，这两个苹果都是我的！"我们再来看看弟弟，难道弟弟就会觉得公平了吗？在家里被父母宠爱的弟弟很可能会想："哥哥比我大，他为什么不让着我，把他的苹果也给我呢？"

有两个苹果还算好一些，如果只有一个苹果该怎么办呢？是给哥哥还是给弟弟？怎么做才能公平呢？

教育是关注在孩子那里产生的情绪和想法，而不是我们自己认为的公不公平。苹果之所以很难分配，是因为我们父母往往是从道理和公平的角度去分的，而孩子们作为苹果的接受者却是从感受层面去看的，感受层面的基本评判标准是美不美好，而不是公不公平。

就拿只有一个苹果来看：

做母亲的有一个苹果，是自己吃了感觉美好，还是给孩子吃了感觉美好？做子女的有一个苹果，是自己吃了感觉美好，还是给父母吃了感觉美好？有觉悟、有担当的老大有一个苹果，是自己吃了感觉美好，还是给弟弟妹妹吃了感觉美好？心怀感激之情的老二有一个苹果，是自己吃了感觉美好，还是给哥哥姐姐吃了感觉美好？

"苹果的故事"告诉我们，人与人之间的关系和公平与否没有关联，内在的感受才是每个人追求的核心。

我们每个人在面对每件事情时，都是活在感受里的。例如：你坐在公交车上，旁边站了一个岁数很大的老奶奶，你还坐得住吗？这时候让座的感觉才是美好的。可是还没等你站起来让座，老奶奶就指着你说："现在的年轻人真是不知道尊老爱幼，也不知道给老人让个座！"这时候的你还想让座吗？即便是让了座，你内心的感觉会美好吗？

所以我们每个人在乎的不是一个"苹果"或者一个"座位"的问题，而是一种内在的感受。

返回到二胎家庭的两个孩子身上来，从表象上看，他们经常争爸爸背，争妈妈抱；争谁的零食多，争谁的玩具好；新衣服你有我也得有，新文具你要我也得要……但从核心层面来讲，他们是在寻找一种内在所需要的感觉。这是一种什么样的感觉呢？我们通过两个案例来体会一下。

◇◆故事1◇◆

慧慧妈妈把精心挑选了好久的两个苹果再次进行确认，大小、形状、颜色等都已经非常接近了，这才拿到姐姐和弟

5

弟面前分别递给他们。谁知姐姐在拿到苹果的那一刻，委屈地哭了，妈妈见状立刻解释："这是我反复挑选的，弟弟的苹果绝对不会比你的大，也不可能比你的红。"

慧慧边哭边表达道："妈妈给弟弟苹果的时候是笑着的，给我的时候却没有……"

◇◆故事 2 ◇◆

嘉怡妈妈递给弟弟一个稍大一点的苹果，然后把稍小一点的苹果递给了嘉怡："你是姐姐，把大的让给弟弟吃吧。"嘉怡看着弟弟手里的苹果，心里很难受，妈妈这时发现嘉怡的表情变了，就把弟弟手里的苹果拿过来跟嘉怡手里的苹果对换了一下，然后对她说："这个大的给你，行了吧！"转而宠溺地对弟弟说："来，咱们吃这个小的哦！"听到这句话后，嘉怡眼泪立刻掉了下来："我哪个都不要。"说完，转身离开了。

从表象来看，二胎家庭的孩子们争夺的是"苹果"（玩具、零食、衣服等这些外在物品的代名词），其实他们争夺的核心是父母对自己的态度以及在乎程度——从情绪层面更关注谁、更在乎谁。

在物质层面被满足的姐姐

讲述者：听雨 & 听雪妈妈

听雨和听雪相差 4 岁。姐姐 9 岁、妹妹 5 岁的那年夏天，我带她们到昆明旅游。

平时，姐姐总是有"妈妈更爱妹妹"这样的想法，所以我们到昆明之后，我就在景区给姐姐买了很多她喜欢的物件。如小扇子、小挎包、小帽子、小裙子等具有云南特色的工艺品、小饰品，只要是她喜欢的，我都买给了她。妹妹那天好像洞悉了我的想法，她不吵不闹，而且什么都不要。

晚上回到酒店，两个孩子都有些累了。姐姐玩弄了一会儿今天购买的小物件，就开始趴在地上画画。妹妹躺在大床上说"走得腿很酸"，我就过去帮她按摩。本以为出来旅游的第一天会在这样一种温馨、平和的状态下结束，谁知后来发生的事情却让我陷入了委屈和痛苦的情绪中。

妹妹应该是太累了，所以被按摩了一会儿就睡着了，我回头看了看，发现姐姐自己蜷缩在小床上睡着了。我帮妹妹盖好被子又去帮姐姐盖，结果发现姐姐枕头上的某些区域是湿的，再看看姐姐的眼睛有哭过的痕迹。

我拿起姐姐身边的一幅画，上面画着：大床上，妈妈脸上带着微笑在给妹妹做按摩，妹妹很舒适地闭着眼睛享受；地面上，我孤零零地站在那里，眼眶里含着泪水观看着这一幕。在画纸的背面，姐姐还写了一行小字：妈妈在大床给妹妹做按摩，看来我只能自己睡小床了。

看到这一幕，我真的是百感交集，无论是画纸上姐姐眼泪汪汪的样子，还是眼前姐姐委屈的面容，都让我很心疼。但同时我也很委屈，白天你想要的一切，我都一一满足了，你怎么就接受不了我为妹妹简单地做个按摩呢？我看着熟睡的姐妹俩，无论如何思考也找不到答案。

妈妈对姐姐的付出是为她购买了各种她喜欢的物品，而对妹妹却只是做了个简单的按摩，为什么在这种为姐姐付出多于妹妹的前提下，姐姐还会觉得委屈呢？因为孩子们在乎的并不是父母表象上的付出，而是在情绪层面更倾向于谁，姐姐从妈妈为妹妹按摩的表情和神态中捕获到，妈妈从情绪层面是更在意妹妹的，所以产生了失落和委屈的情绪。

再想想故事 2 中的这个核心就更明显，姐姐和弟弟之间看似是"大小苹果"之争，而姐姐之所以最后会放弃苹果，是因为她感受到苹果已经代表不了母亲对自己的关注和关爱了。

当然，孩子们争夺的是父母"从情绪层面更关注谁、更在乎谁"的这个核心也可以进行反向验证。例如，故事 1 中的慧慧边哭边表达道："妈妈给弟弟苹果的时候是笑着的，给我的时候却没有……"我们暂且排除掉这是慧慧"自认为"的可能性，妈妈递给弟弟苹果时的情绪是真实的，那么现在妈妈把喜爱、疼爱的情绪对接到慧慧身上，在递给慧慧苹果时充满了宠溺的情绪，我们想一想，即便这时她的苹果是比弟弟小的，更或者妈妈只给了弟弟苹果，你觉得慧慧还会那么在意这件事情吗？

所以再回到"分苹果"的案例当中来，很多二胎家庭的父母会反映老大不愿意让着老二的问题，那么"症结"也是在此。

对于二胎家庭中的老大，他在乎的不是苹果的大小问题，而是一种内在的感觉，即父母对自己的态度。内在感觉很美好

时，无论大苹果、小苹果，甚至没有苹果都是无所谓的；但内在感觉是委屈的时候，就会转化成一种"不愿意让着老二"的表面现象。

10

Part2
老大为什么不愿意让着老二

在自然状态下，老大手里拿着一个苹果，不管是出于年龄比弟弟妹妹要大，还是个头比弟弟妹妹要高，他都是愿意把苹果让给他们的，这是老大的一种自然属性。但如果这时是被父母要求着把苹果让出去，假如你是老大，你会怎样想？

二胎家庭中的老大为什么不愿意让着老二，原因只有一个——内在感受不美好。这与上一节讲到的"在公交车上不愿意让座"是一个道理，因为被要求了，因为有人认为你的"让"是应该的。

作为老大，"让"是一种觉悟，不是必须，也不是应该，更不是一种外在的要求。在日常生活中，我们面对类似事情时也会是这个情绪。

　　假如你的一个朋友张口就向你借 5 万块钱，你很诧异地问道："为什么借这么多？"他的回答却是："你那么有钱，借给我 5 万怎么了？"面对这种认为你有钱就应该借的人，你还愿意借吗？

　　假如你的一个朋友向你借两个月的车，你很好奇他为什么借那么久？他的回答却是："两个月久吗？反正你也不开！"面对这种你不开车就应该借的人，你还想借吗？

　　所以，无论是两个孩子中的老大，还是在社会层面有些能力的人，让出个苹果，让出个座位，帮朋友一些忙，为身边人出一些力等等，很多时候他们是愿意的，但前提是不能以他们有能力付出就认为他们的付出是应该的。

　　再从"信息处理"的角度来看，通常情况下，一个人在面对要求时往往会产生抵触情绪甚至改变自己的初衷，在人的信息处理系统中，这种现象称为意识的反向性。

　　老大为什么不愿意让着老二？当你站在老大的视角或代入老大的情绪时，便能精准地找到答案。

No.1
从情绪层面来看为什么老大不愿意让老二

现在大家是不是能够体会到一些老大被要求时的感觉？

"你是老大，就应该让着弟弟！"

"你是老大，把这个给妹妹！"

"你是怎么做老大的？还跟妹妹抢玩具！"

很多二胎家庭中的老大不愿意让着老二是因为他们被要求了，而被要求是一种很不情愿、很委屈的感觉。

廖先生，1976 年出生，他对小时候发生的一幕一直是记忆犹新的：

小时候的冬天很冷，有一天，我妈做了两碗热腾腾的汤面给我们兄弟俩，每个人的碗里还加了两个荷包蛋。

我吃饭时有一个习惯，那就是把好吃的留到最后。可是我弟弟上来就会先把荷包蛋吃完，然后什么都不做，瞪大双眼盯着我碗里的荷包蛋。这时，他不需要有任何表达，我妈就要拿着筷子从我碗里夹一个给我弟弟。

我拿起筷子就开始阻拦："那是我的！"

"什么你的我的？你们还都是我的呢！当老大的就应该让着弟弟，你不知道吗？"说着就把我的一个荷包蛋夹起来放进了弟弟的碗里，并且还会温和地对他说："快吃吧。"

刘女士，1978年出生，她对小时候发生的事情也是难以忘怀：

小时候，我们家里一般都是边吃饭边看电视的。我喜欢看电视剧，我弟喜欢看动画片，我们约定好了相互交替着，每人看十分钟自己喜欢的频道。我选择了让弟弟先看，但时间到了他并没有把遥控器给我。他不遵守承诺让我很生气，我把遥控器从他手里抢了过来，他立刻就不干了，拍着桌子放声大哭，而且哭得很夸张，有种要故意把自己哭吐的感觉。果然，没过一会儿他就开始咳嗽，之后就吐了。

我妈从外面冲了进来，弟弟像是遇到了救世主："妈，我姐抢了我的遥控器！"我妈根本不听我的任何解释，直接把遥控器从我手里抢了过去，然后生气地对我说："你有个当姐姐的样子吗？天天跟弟弟抢东西！老大要让着老二，这个基本的道理你不懂？"

"我不懂！你那么'宝贝'他，还要我做什么？"说完，我流着眼泪冲出了家门，虽然我并不知道应该去哪儿……

对任何人而言，"被要求"或者"被限制"都是一种非常不

14

美好的内在感受。在公交车上让个座,在火车上帮助某个乘客往行李架上放个行李,这些举手之劳的事情,但凡有能力做到的人都是愿意伸一把援助之手的,前提是不要以"本就应该"的态度来要求他们。

对于老大而言,少吃一个荷包蛋、少看一会儿电视有什么关系呢?他们在乎的不是这些表象的事情,也不是真的不愿意让,而是"被要求"让他们的内心很委屈,他们所在乎的那种被重视的感觉没有被满足。这种"被要求"不仅是成长中不美好的回忆,而且在安全感、信任感和价值感的多重缺失下,还会形成特定的思维方式和行为方式,这是父母意想不到的,这些意想不到的内容却是决定老大一生的核心因素。

老大被要求的同时,老二成了最大的受益者吗?当然不是!老二在父母的这种庇护下形成了不正确的价值观,在成长和发展过程中受这种价值观的影响,他便很容易碰到人生的瓶颈。从这个角度来看,父母对老大的要求,对两个孩子都是一种无形的伤害。

No.2
从思维视角来看为什么老大不愿意让老二

我工作室里的一位妈妈曾经分享过这样一件事情：

小时候，有一年过六一儿童节，妈妈带我和弟弟去商场，分别挑选了我们喜欢的玩具作为礼物。可是回家以后弟弟就觉得自己的玩具不好玩了，非要玩我的，我不同意，他就大哭起来。妈妈听到弟弟的哭声后，走过来不问缘由地对我说："你这个当姐姐的就不能让着点弟弟吗？"

当时我心里特别委屈，眼泪立刻涌了出来，抽噎着对妈妈说："没错！我是他的姐姐，难道我就不是妈妈的女儿了吗？"

站在不同的视角，就会看到不同的世界。在父母的视角下看老大：你是老大，应该让着弟弟（或妹妹）；在老大的视角下看父母：我和弟弟（或妹妹）都是你们的孩子，你们怎么可以厚此薄彼呢？

父母站在自我视角下去看孩子的世界，不但会造成个人的内在痛苦，更重要的是不明白孩子在想什么，不清楚孩子在乎的是什么。

教育是什么？教育应该站在哪一方的视角下看问题？教育是关注在孩子那里产生的情绪和想法。我想，这个定义会帮助家长们找到自我的位置以及看问题的角度。

可能读到这里很多父母还是比较疑惑的："难道老大不应该让着老二吗？"这不是应不应该的问题，因为对于二胎家庭中年龄较大的那个孩子而言，老大是一种觉悟，而不是一种要求！

Part3
老大是一种觉悟而不是一种要求

多吃一个苹果或少吃一个苹果，对老大来讲有什么关系呢？只要不去要求他、限制他，他就会站在老大的位置上，散发自己老大的天性，去照顾和保护自己的弟弟妹妹。

无论是出于"血浓于水"的天性，还是站在被父母信任的角度，老大都会具备照顾和保护好弟弟妹妹的觉悟。

"血浓于水"是天性

如玉和云灿是同父异母的亲姐弟，由于父亲很喜欢姐姐如玉，所以这个姐姐有点恃宠而骄。在和弟弟两个人单独相处的时候，总是习惯性地欺负弟弟。

在一次放学途中，如玉发现弟弟被两个同学欺负，就立刻冲过去推开拉扯弟弟的那两个人，然后冲着他们大喊："以后不许你们再欺负我弟！走开，快走开呐！"

那两个欺负弟弟的学生被她吓退了，她便带着弟弟回家了。

"血浓于水"是天性。在自然状态下，老大保护自己的弟弟妹妹是一种内在的本能。

还记得在上一节中被母亲要求让出荷包蛋给弟弟的那位廖先生吗？他还有另外一段表达，就是关于保护弟弟的：

> "其实我是一个胆子很小的人，有时候遇到一些与人冲突或被人欺负的事情我都是不反抗的，只和我自己相关的，都会睁一只眼闭一只眼地让它过去。但每次发现我弟弟遇到这样事情的时候我是忍不了的，为了保护他，我会奋不顾身地和对方拼命！为了他，我小时候没少打架，也因为这个，我母亲一直认为我是一个爱打架的孩子，可是她哪里清楚，在那些冲突当中，百分之百是为了保护我弟弟。"

上一节中还提到一位跟弟弟抢着看电视，被母亲拿走遥控器的刘女士。她也表达过一段在自然状态下和弟弟的相处模式：

　　"我和弟弟相差四岁，他上一年级的时候我已经上五年级了。他每天放学喜欢和同班的小朋友们一起玩'画片'还有'玻璃球'（这都是"70后""80后"很喜欢的玩具）。当时我每天的作业已经很多了，但是无论放学后他玩多久，我都会站在不远处看着他。因为那时候我感觉我弟特"傻"，他好像总也搞不清楚这些游戏的规则。那些小朋友们总想着法子赢他，每次我都会站出来冲他们喊：'别欺负我弟弟啊！我告诉你们，别以为他不懂，我可在这儿看着呢！'

　　这时，我弟弟总是冲着那些小朋友们露出骄傲的笑容！"

"血浓于水"是天性。当两个孩子身处社会环境中时，老大对老二的保护欲便会被激发，可以为了老二做本来不敢做的事情，可以为了老二搭上自己大把的时间……

老大对老二这么真挚的情谊，为什么会在家里不愿意让一个荷包蛋，不愿意让个遥控器呢？我先把这个问题摆在这里，引发大家的思考。

No.2
老大只要是被信任的就会是有觉悟的

你有过那种被信任的感觉吗？小时候，老师把班级的钥匙交到你手上，然后对你说："老师相信你每天会早早来到学校把班级的门打开，你不会让同学们在寒冷的冬天站在门口等待开门的！"有了老师的这种信任感，你会怎样对待手中的那把钥匙，又会怎样对待每天早上开门的这件事情呢？我们每个人只要体会一下就能找到答案。

如果现在交到你手里的不是一把钥匙，而是一个年龄比你小的孩子呢？爸爸妈妈出于对你的信任，把这个孩子全权交给你照顾，交给你保护，你又会怎么做呢？

我身边有这么一个人，他做老大是很有"觉悟"的！六岁那年，由于父母工作非常繁忙，回家会很晚，母亲把只有两岁的弟弟拉到他身边，看着他的眼睛语重心长地说："妈妈相信你这个当哥哥的会照顾好弟弟！"从那时开始，他为了能把弟弟照顾好，从煮方便面开始学起，慢慢地开始学习炒菜、焖米饭、包饺子、蒸馒头、蒸包子……在八岁时，他就可以像一个大人一样照顾弟弟的衣食起居了。

我们想象一下，这样一个老大，无论父母给的苹果是大是小，是一个还是多个，他会不管弟弟、不让着弟弟吗？

一个苹果是自己享用感觉很美好，还是分享给他人感觉很美好，这里的核心在于一个人有没有体验过比自己吃掉这个苹果更美好的情绪。如果没有体验过，那么必然是自己享用的感觉是最美好的。但如果一个人感受过把苹果分享给他人所带来的信任感和价值感的满足，那么这个人便会以追求更高层面的精神需求为自己的行为标准。因为追求美好感受远离不美好感受是每个人的本能。

父母对老大的信任也是如此。在这种强大的信任感下，老大放弃掉对物质层面的渴望，开始有精神层面的追求，这对于老大而言不仅是一种美好感受，更是一种人生格局的提升。

可能有的父母会说我们家的老大不是这样的，他总是跟弟弟（妹妹）抢玩具、抢零食，根本没有做老大的样子，别说给他一个苹果，就是给他十个苹果，他也不会分享给弟弟（妹妹）的，他恨不得自己都吃光。

　　家长口中表达出的老大的状态已然是个结果了，是父母之前家庭教育方式的一种体现。不是老大不愿意让，而是没有让他真正处在老大的位置上，没有给他被信任的感觉。

　　我们可以从我们父母那一辈，我们这一辈，以及我们的下一辈这三代来看，老大"让与不让"的属性是如何养成的？那些在责任和能力上处于老大位置的人，他所在的家庭环境满足了哪些特征？那些不愿意让着弟弟（妹妹）的老大所在的家庭环境又满足了哪些特征？发现了这些特征，我们就能找到老大可以走向责任位置的客观规律了。

　　　通过对三代人的研究，我们发现满足以下两个条件中的任何一个，老大都可以走向责任的位置。

　　　第一，家里的父母都很忙，没有时间管孩子，老大在血浓于水的自然条件下，走向责任的位置；

　　　第二，父母有一种无形的教育理念，那就是老大有责任带老二，老大老二有责任带老三……在父母这样的责任意识下，老大走向了该有的位置。

　　老大能够走向责任的位置，受益的不仅仅是老大，还有家里的弟弟妹妹们。他们看着哥哥或者姐姐为自己无怨无悔地付出，

23

便会在内心产生某种他们自己也无法表达的复杂情绪：要么是崇拜，无形中会向老大学习；要么是感激，希望自己也能以某种方式回馈哥哥或者姐姐为自己的付出。不管是处于何种情绪之中，他们都会心甘情愿地把那个代表情谊的"苹果"让给老大的。从那刻起，一个家庭里所有的孩子都有了精神层面的追求，他们不再被物质层面的渴望所牵绊和左右。

老大追求的是责任感、价值感，本身就是脱离物质渴望的一种基本体现；老二追求的是回报、回馈他人，这本身也是一种精神层面的追求。所以，关于"苹果"的分配问题其实和苹果本身没有关系，它是孩子们追求物质层面还是精神层面满足感的一个载体。

当父母让孩子们之间的关系回归到自然状态时，老大便会走向责任的位置，孩子们的追求方向也会从物质形态的"苹果"转向为关于"苹果"的谦让情绪，这是一种精神追求的体现；但如果父母介入到孩子们的关系中来，对老大提出了"让着老二"的要求，那么老大便无法走向责任的位置，老二的价值观也会随之受到影响。

No.3
老大是一种觉悟而不是一种要求

不管是二胎家庭中的老大，还是在社会层面能力上的强者，都会自发地、由衷地给予身边人一些帮助。这是一种觉悟，只要不用"你强你应该"的道理来要求和限制他们，这种觉悟就是自然存在的。

在充斥着"老大应该让着老二"的社会环境和家庭环境下，造就了"老大不愿意让老二"的社会问题。多吃一个苹果，少吃一个苹果，又有什么关系？老大为什么不愿意让？其实并不是不愿意，而是委屈！老大在乎的是内心的那种感受。家庭中的老大，只要把他的天性激发出来，不压制他，他就会去照顾老二、让着老二的。反之，拿着这样的结果去要求他、限制他，就是不成立的。

老大在面对"应该让着老二"的要求时，即使内心在此之前是想让的，由于情绪抵触也会产生"凭什么"的想法。有的老大表达出来了，就呈现出了"倔"的外在表象；有的老大没有表达出来，便产生了委屈的内在情绪。要求老大让着老二，不但造成了老大内在的不良情绪和状态，还破坏了两个孩子之间的关系以及老大与父母之间的关系。这些对于关系的影响，我们会在后面章节进行详细诠释。

以"苹果让不让"的话题为例，我们再来进行深度剖析。

一大一小两个苹果，为什么有的父母会认为老大应该让着老二，而有的父母又会认为老二应该让着老大？那是因为关于"谁让谁"的问题也和苹果无关，它是父母在意识层面选择了谁的一个问题。

第二章

从"苹果"的分配
看父母的选择

你关注过自己分苹果时的状态吗？面对不同孩子时不同的称呼、不同的语气语调、不同的表述方式、不同的面部表情……这些不同都指向一个共同点，那就是你在意识层面选择了一个自己更喜欢的孩子。而这种选择无形地左右了父母的评判。

Part 1
父母选择了一个更喜欢的孩子

面对一大一小两个苹果，有的父母会对老大说："弟弟（妹妹）还小，你把大的让给弟弟（妹妹）吧！"而有的父母却会对老二说："你还小，吃个小的就行了，把大的让给哥哥（姐姐）。"

从表象来看，这是苹果的分配问题，而核心层面却反映了父母在意识层面从两个孩子中选择了一个更喜欢的。

No.1
意识层面的选择是无时无刻的

选择在无时无刻地进行着，只是很多时候思维并没有捕获到罢了。

　　例如：你关注过自己早上起床后先穿的是哪只袜子吗？你关注过自己出门前先穿的是哪只鞋吗？你关注过自己上下台阶的时候先迈的是哪只脚吗？无论你在思维层面有没有觉察，这些事情都是被意识选择了先后顺序的。

　　办公室里有两位同事，你需要有人帮你取快递的时候，首先想到了谁？有两个很要好的朋友，你遇到了苦闷的事情想要倾诉时，首先想到了谁？楼下有两家平时关系很要好的邻居，过节单位发了很多礼品你要给他们送一些，首先想到了谁？无论你是否关注过，意识层面都已经帮你做出了选择。

　　如果这个世界上有一面镜子，可以让你时刻观察到自己，那么你可以观察一下：假如你是一名教师，在面对不同学生的时候，情绪是一致的吗？假如你是一位领导，在面对不同员工的时候，情绪是一致的吗？假如你是一名员工，在面对不同领导的时候，情绪是一致的吗？……当然，你也可以看到自己在面对两个孩子时，输出的情绪是否一致。

　　有的家长可能会说："手心手背都是肉，我在面对两个孩子的时候，可不存在选择了一个自己更喜欢的。"首先，从表象上来讲，"手心手背都是肉"还有部位之分呢；其次，意识层面的选择是不经过思维的（也就是不经过大脑思考的），所以一个人的选择是什么，往往连自己都不是很清楚。但是，自己不清楚也没关系，情绪会非常精准地"暴露"一个人的选择。

No.2
情绪会"暴露"一个人的选择

几年前，我到一位朋友家做客，她两个可爱的女儿琴琴和妞妞（一个六岁，一个四岁）都喜欢围着我转悠，不知不觉地便安排上了一个游戏——捉迷藏，两个孩子不约而同地躲在了窗帘后面，正当我打算把她们"揪"出来的时候，孩子们的妈妈出现了。

只见她面带微笑，歪着脑袋，宠溺地对着窗帘后面的孩子表达道："妞妞，你怎么藏在窗帘后面了？快出来，看妈妈给你洗了你最爱吃的水果。"听到了妈妈的召唤，妞妞禁不住水果的诱惑，一下子就从窗帘后面冲了出来。

妈妈看姐姐没有出来，便立刻皱起了眉头，音量也提高了："高思琴，妈妈喊妹妹不是喊你吗？还在那儿'杵着'干吗呢？快出来，吃水果了！"听到妈妈召唤的姐姐也快速从窗帘后面挪了出来……

临走前，我跟我的这位朋友说："我怎么感觉在两个孩子中，你更喜欢妞妞呢？"听到我的表达，她立刻委屈地解释道："你们怎么都这么说呢？两个都是我的亲生女儿，我哪里有喜欢谁，不喜欢谁呢？"

当时我得到一个结论，那就是她并没有从思维层面捕获到自己在意识层面选择了妞妞。

这个世界上有两类人：一类是"知道"自己做出了选择的，另一类是"不知道"自己做出了选择的。显然我的这位朋友并不知道自己已经做出了选择。

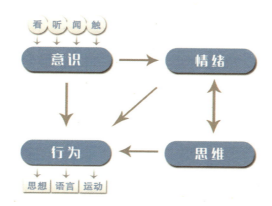

图：意识构架

意识在思维之前，很多由意识做出的选择以及支配的行为输出，都是很难被思维捕获的。但这种选择会通过不同的情绪来散发，而不同的情绪又会转换成为不同的表象行为。

这时，我们就需要跳出自我认识，站在高维视角（可以理解为站在"画面"以外观察事态的发展，有一种观影的感觉），通过以下几个方面对意识层面的选择进行验证。

1. 称呼不同

以上描述的案例中，妈妈无形地称呼妹妹为乳名"妞妞"，而面对姐姐时，无形地称呼了她的全名"高思琴"。

日常生活中，"不同称呼体现不同情绪"的现象还是很常见的。例如，父母在正常情绪里一般是呼唤孩子乳名的，但生起气来，一般就会称呼孩子的全名了。当然，作为孩子而言，也可以通过父母对自己的称呼来精准地判定父母是不是生气了。

再拿另一个场景来举例，老大、老二放学回家了……我们来体会一下家长的情绪有什么不同？

妈妈见到哥哥回来了："老大回来了！"

妈妈见到弟弟回来了："哎哟，看看这是谁回来了？我儿子回来了！"

妈妈见到姐姐回来了："高思琴，你回来了！"

妈妈见到妹妹回来了："我们家姐姐放学回来了！"

这些下意识的行为输出，都体现着父母对孩子们的不同情绪，但这种体现方式由于没有经过大脑的思考，所以很多时候我们自己也没有意识到。

2. 描述词汇不同

在上文描述的案例中，同样是躲在窗帘后面的行为，妈妈在面对妹妹时的词汇输出是"你怎么'藏在窗帘后面'"，而面对姐姐时的词汇输出却是"你怎么'还在那儿杵着'"，这些下意识的词汇调用也反映出了父母在面对两个孩子时的内在情绪以及意识层面的选择。

生活中，像这样的案例还有很多。两个孩子同样都是坐着不出声，一个可能会被评价为天天"坐着发呆"，而另一个则被评价为"喜欢思考"；两个孩子同样是作业写得很快，一个可能会被评价为"糊弄"，而另一个则被评价为"麻利"；两个孩子同样是有自己的想法，一个可能会被评价为"不听话"，而另外一个则被评价为"有思想"……

3. 语气语调不同

大家感受一下这两种表达会是一样的语气语调吗？

"妞妞,你怎么藏在窗帘后面了,快出来,看妈妈给你洗了你最爱吃的水果。"(温柔地)

"高思琴,妈妈喊妹妹不是喊你吗?还在那儿'杵着'干吗呢?快出来,吃水果了!"(不耐烦地)

情绪是不会骗人的,一个人说话的语气语调很难用思维来控制,只能随着情绪的改变而散发。在你面对一个自己很尊敬的对象时,在你面对一个让自己很尴尬的对象时,在你面对一个自己很喜欢的对象时,你在表达时的语气语调都会有非常明显的不同。当然,我们现在可以通过这种不同来判断自己的内在情绪,以及意识层面的选择。

4. 表情不同

还拿琴琴和妞妞的案例来看,大家感受一下妈妈在喊妞妞时的表情是怎样的,是不是充满了笑容?而在喊高思琴的时候呢,我们感受一下表情是怎样的?是不是有点严肃,还有点不耐烦?

称呼不同、描述词汇不同、语气语调不同以及表情不同,这么多的不同,同时反映了妈妈的内在情绪以及意识层面的选择,那就是妈妈更喜欢妹妹。

其实，不仅是在面对多个孩子的时候是这样，只要是面对不同的对象，每个人都会散发不同的情绪。例如：你在工作单位遇到自己比较喜欢的同事，你对他的称呼、表达时候的用词、说话时候的语气语调，跟你遇到一般同事所输出的情绪肯定是不同的，尤其在说话的语气语调上会有很大的差别。

所以，我们可以根据面对不同对象时所输出的不同情绪来验证我们在意识层面的选择。这样能够让我们更好地了解自己，也能够更好地了解孩子们捕获到了我们什么样的内在情绪。

二胎家庭的父母从意识层面选择了一个自己更喜欢的孩子，而这种选择会无形地通过情绪来流露，孩子又会从这种流露中捕获父母的选择。

简而言之，父母从意识层面选择了一个自己更喜欢的孩子，这就是二胎家庭孩子们之间争宠以及发生争执的核心原因。这时，我们再回过头来看一看老大为什么不愿意让着老二，因为老大在父母的要求中捕获到他们选择了老二的情绪，这也是他不愿意"让"的核心因素之一。

意识的选择在思维之前，是不受大脑控制的。从这个角度来看，无论父母主观层面上是否有"选择"的意愿，"选择"都已经不可避免地发生了。

Part2
选择决定了评判的视角

　　一个人对同一表象行为的评判与其内在对该行为输出者的好感度及认同度有着密切关联，这种现象称为"优缺评判"。

　　同样是不苟言笑，你喜欢（认同）对方，就会把这种行为评价为深沉、有内涵；你不喜欢（不认同）对方，就会把这种行为评价为无趣、装样子。

No.1
选择决定了评判

　　父母在面对两个孩子时，无论主观层面上是否有"选择"的意愿，都会下意识选择一个更喜欢的，那么没有被选择的那个孩子就是相对"不太"或者"不"符合父母意识层面的标准和要求的。

有的父母会在意识层面选择老二，因为老二年龄小、可爱、有趣等等。有的父母会因为个人属性以及需求，选择一个符合自己期待的孩子。例如，夫妻二人都很喜欢女孩，但膝下偏偏是两个儿子，那么这两个男孩中偏女性化的那个是被父母选择的对象。如果夫妻二人都喜欢男孩，但膝下偏偏是两个女儿，那么他们便会选择两个女孩中偏向男性化的那个。当然，父母还会根据自己喜欢"动"，还是喜欢"静"等内在需求去选择，但无论父母在两个孩子中间选择的是哪一个，都将对教育产生很不利的影响——因为你将失去对事物判断的客观性。

我们在信息处理时，往往会认为是"思维的评判"左右了"意识的选择"，而其实是"意识的选择"左右了"思维的评判"。同样一个行为，你会如何评判，取决于你的意识是不是选择和认同该行为的输出者，而这个评判往往与行为本身无关。

例如：你身边有一个喜欢打扫卫生的人，你对他的评价是"爱劳动"还是"争表现"？你身边有一个不喜欢打扫的人，你对他的评价是"不拘小节"还是"不讲卫生"？你身边有一个不爱说话的人，你对他的评价是"有内涵"还是"闷葫芦"？你身边有一个爱表达的人，你对他的评价是"性格开朗"还是"咋咋呼呼"？

一个人具备以上的行为输出，你会如何评判？往往取决于你的内在是不是认同对方、欣赏对方。如果是，评价就是前者；如若不是，评价就是后者。同一表象，受不同内在选择的影响，会使人做出不同的评判。

"意识的选择"左右了"思维的评判",如果这句话还是不太好理解,那么大家可以通过以下几个例子来感受一下这句话的内在含义:

迫不及待地看弟弟

刚放学回家的老大,一进家门就迫不及待地冲进母亲的房间看刚出生的弟弟。母亲见状立即表达道:

1. 你看我们家哥哥就是惦记着弟弟,一进家门什么都顾不上做,就得先来看看弟弟!

2. 你这从外面进来,身上带了多少细菌呀? 去,先洗个澡,把衣服换了再过来!

都是"一进家门就立刻去看弟弟"的行为,如果做母亲的意识层面是认同老大的,那么就是评价1;如果是不认同的,就是评价2。

作业本被折成了纸飞机

哥哥放学回到家,发现自己放在茶几上的作业本被弟弟一页页地撕下来折成了纸飞机。哥哥非常生气,直接找母亲出来评理。此时,作为需要主持公道的你会如何进行评判呢?

1. 批评老大:这能赖你弟弟吗? 谁让你走的时候不把作业本收好的!

2. 批评老二：那作业本上的纸是用来折飞机的吗？下次哥哥把你的本子也撕了折成纸飞机，看你乐不乐意？

都是"作业本被折成了纸飞机"这一件事，如果做母亲的意识层面选择了老二，那么就是评价1；如果意识层面选择了老大，那么就是评价2。

通过以上案例，我们能够看到，一个人对同一事件的评判取决于这个人对事件参与者的认同度。如果是父母评判一件与两个孩子都相关的事件，那么父母从意识层面选择了谁，评判的方向便是倾向于谁的。所以，一个人的评判是由意识层面的选择来决定的，再由思维来提供"素材"证明意识层面选择的必要性和合理性。为了便于理解，我们可以把一个人的评判比喻成一辆车，而这辆车的驾驭者是意识，意识决定了这辆车的前进方向。

我们会为自己意识层面的选择赋予思维层面的道理，这是人的一种本能。

No.2
选择便有选择的道理

　　我们通常会认为：一个人是由于某些原因做出了某种选择（决定），而就人的信息处理系统而言，其实是先由意识层面做出了某种选择（决定），而后再由思维负责把这个选择（决定）进行合理化，也就是为自己的选择赋予某些理由或道理。

　　例如：一个人认为是为了自己上下班方便、接送孩子上学放学方便、带老人出游方便，所以决定了买车。而其实是一个人意识层面先决定了买车，所以思维层面才找到了"上下班方便""接送孩子方便"等理由来支持意识层面的选择。

　　一个人认为是由于交通拥堵、停车不方便、汽油价格昂贵等原因，所以不买车。而其实是由于意识层面决定了不买车，所以思维层面才找到"交通拥堵""停车不方便"等理由来支持意识层面的选择。难道一个决定买车的人，就不会面临"交通拥堵"或者"停车不方便"的问题吗？

正所谓选择有选择的道理，不选择有不选择的道理，我们应该看到的核心是一个人做了怎样的选择，而不是一个人找了什么样的道理（理由）。

穷养儿子富养女儿和穷养女儿富养儿子

杨华和杨磊姐弟相差六岁，姐姐被父母宠成了公主，吃的、穿的、用的，样样都要优于弟弟很多。孩子的舅舅看到自己的姐姐对待两个孩子的方式相差太多，就对杨华的妈妈说："姐，你对待两个孩子的差异也太大了吧，杨磊的生活条件比杨华差太远了！"

杨华妈妈："你懂什么？穷养儿子富养女儿，儿子要穷养才能磨炼意志，长大才能有出息！"

我们不看一个人找了什么样的理由，我们只看一个人做了什么样的选择。这时，你会得到一个真实信息：杨华的妈妈从意识层面选择了女儿。

同样是拥有两个孩子的家庭，也同样是姐弟俩，许雯莉和许楚涵的命运完全不同于杨华姐弟。在雯莉家，雯莉的衣服都小了，还在凑合着穿，可是弟弟呢，不但经常会有新衣服，而且手边的玩具和零食也没有断过。很多邻居都看不过去了，就建议雯莉妈妈对雯莉好一点，可是雯莉妈妈却说："女儿养得再细致，早晚都是别人家的人！"

我们还是不看一个人找了什么样的理由，我们只看一个人做了什么样的选择。这时，你会得到一个真实信息：雯莉的妈妈从意识层面选择了儿子。

同样都是由姐姐和弟弟组成的二胎家庭，"富养女儿"和"穷养女儿"会有各自的道理，关键是看父母从意识层面做了怎样的选择。接下来还有更易于大家理解的案例，父母选择了谁，谁就没有问题。

父母评理之妹妹弄脏了姐姐的书

妹妹（四岁）找到一张白纸准备画画，可是由于画纸过于单薄，画起来不舒服，所以她就找了一本姐姐的书垫在下面。妹妹刚开始画画，掌握不好画笔的力度，每一下都是"浓墨重彩"的一笔，那么很自然地，彩笔的颜色便浸透了白纸，染到了姐姐的书上。

看到妹妹把自己的书染得五颜六色，姐姐一下子就把妹妹推开了："以后没有经过我的允许，我的任何东西都不许碰！"妹妹委屈地哭了出来。

43

妈妈寻声走了过来，看到眼前的一幕便说道："这书画上颜色又不影响你看，妹妹又不是故意的，你干吗发那么大的火！"

这时爸爸下班回来，了解了一下大概情况后便对妹妹说："这事儿不赖姐姐发火，谁让你没跟姐姐打招呼就用了人家的东西，最后还弄脏了呢？"

面对同样的事情，为什么会有不同的评判？这来自在意识层面父母选择了谁。妈妈选择了妹妹，所以妹妹不是故意的，姐姐的书弄脏了也不影响看；爸爸选择了姐姐，所以妹妹没有经过姐姐同意就动姐姐的东西是不对的。无论父母选择了谁，都是没有经过思维"加工"的。

很多二胎家庭的父母苦恼于如何能把"一碗水端平"，如何能抱着"公平、公正"的态度来解决孩子们之间的问题，而其实远远没有到"解决问题"的这一步，因为父母在意识层面的选择，决定了你会看到什么样的问题，以及会看到谁的问题。

父母评理之姐姐弄湿了妹妹的衣服

一位育有两个女儿的二胎妈妈，曾经在我的工作室分享过一个"姐姐欺负妹妹"的故事：

一天晚饭后，我正在收拾餐桌，突然听到妹妹的哭声，寻着哭声我来到了卫生间，一推开门，就看到妹妹委屈地站在那里掉眼泪，再仔细一看，妹妹裙子的一角被水淋湿了。

"妈妈，姐姐用水滋我！"说着，妹妹哭得更厉害了。而姐姐一脸生气地说："谁让她偏要在我洗澡的时候推门就进来洗手！"（由于卫生间空间比较小，所以洗澡区域并未被单独隔离出来）

"那你也不能用水滋她啊！滋感冒了怎么办？一点当姐姐的样子也没有！"说着我就心疼地把妹妹抱走了。

即便是事后描述，这位妈妈的表情依然很严肃，语调也提升了很多，一想起"姐姐欺负妹妹"的画面还是很生气的。我们聊了一些其他的话题，这位妈妈的情绪平复了一些，我又把刚才的事情重新提起来："琪琪妈妈，如果刚才滋水的事情，是姐姐过来告诉你，是妹妹把水滋她身上了，你会怎么说？"

"妹妹又不是故意的，她还小啊，哪里懂那么多。再说湿点，换了不就完了嘛，小事儿。"琪琪妈妈不假思索地做出了以上回答，回答完之后她自己都愣了。

琪琪妈妈无意识地回答让她自己也发现，原来同一件事情分别发生在姐姐和妹妹身上，她的评判和处理方式是完全不同的。

随后，她立刻问了我一个问题："田老师，难道很多事情发

生在妹妹身上，我都会自动认为这不是什么问题吗？"

　　我的回答是："你可以回忆几件姐姐'告状'的事情，对比一下如果这些问题是妹妹反馈出来的，你会如何处理？"听完我的表达，琪琪妈妈陷入了回忆状态。

　　　　"几天前，姐姐放学回家，放下书包准备写作业。她发现自己写字台上的一个全新的算数本被妹妹动过了，上面被歪歪扭扭地画满了各种小动物。

　　　　姐姐拿着本子很生气地给我看，'妈……妈妈！你看，我的新本子被妹妹画成什么样子了？'我当时正在拖地，拖把都没有停下来，只是用眼睛瞥了一下，'她肯定不是故意的，就是想画画，随便找了个本子而已。她也快要上学了，写写画画很正常，妈妈再给你买一个新的本子，挑你喜欢的，好吗？'我对姐姐是这么表达的，但是刚刚我感受了一下，如果是妹妹反馈这个事情的话，我就要对姐姐进行批评教育了……"

　　一个人意识层面的选择，决定了你看待问题的角度。我们以往的思维方式是，就现有问题寻找解决问题的方法——这是 After 式的思维方式，而更为客观的思维方式其实是 Before式——我为什么会认为这是个问题？这个问题是如何产生的？

> 二胎家庭的父母在面对孩子问题时，首先应该用 Before 式的思维方式来进行自我验证。以琪琪妈妈为例，她在面对妹妹哭诉"姐姐用水滋我"时，应该首先反问自己："为什么我会认为妹妹被欺负了？如果是姐姐做出相同的反馈，我会认为姐姐被欺负了吗？还是会认为这是个小事情，姐姐根本没有必要反馈"。

当用 Before 式的思维方式进行自我验证后，我们便能够做到比较客观地看待问题，而不是急于去解决问题。

在二胎家庭中，父母无意识的选择往往决定了问题的责任人以及问题是否存在。不仅如此，父母无意识的选择还决定了谁更贴心，谁更孝顺。

妈妈的三十块钱

讲述者：袁女士（"70 后"）

1988 年的夏天，那时我十岁，有一天妈妈回到家里就躺在床上掉眼泪，我一问才知道她丢了三十块钱。那个年代的三十块钱大约是我妈一个月的工资，我知道那是一笔不小的数目，所以特别能理解妈妈的伤心和自责。

我想了很多安慰的话，最后汇成了一句："妈，你别难过，等我以后工作发工资了，我给你三十！"我妈看了我一眼又接着抹眼泪："哪有你说得那么容易，那可是三十块钱呐！"我看着妈妈那么伤心，感觉自己已经无能为力了。这时我弟弟回来了，他听说妈妈丢了三十块钱，就坐到妈妈身边对她说："妈，你别难过，等我以后挣钱了我把这钱给你补上！"说完，我眼看着妈妈把弟弟抱在怀里，脸上马上露出了欣慰的表情。一直到现在，我妈都评价我弟是孝顺的，而事实上是从我大学毕业之后到现在，爸妈的生活起居一直是我一个人在照顾的。

从优缺评判的角度来讲，父母评价自己的某个子女是孝顺的，是由于该子女做了什么特别的事情才让父母有这样的评价，还是父母首先从意识层面选择了自己的这个子女，所以该子女的很多行为便都被父母定义成了孝顺呢？我们可以代入很多身边的案例去感受，答案是很明朗的。

讲述者：迪兰（"80后"）

就我的成长环境而言，我的姥姥姥爷对我姨妈（我母亲的亲姐姐）的评价是孝顺，但这种评价却从未作用在我母亲身上。从小到大，让我一直很疑惑的事情是，我姨妈一年回家看望姥姥姥爷的次数是很有限的，一般来讲，姨妈回家探望老人的时间是春节、中秋节、姥爷的生日等等。大概也就这几个时间段，所以那时我搞不清楚，姨妈的孝顺究竟是如何体现的，她并没有为老人付出太多的时间和精力啊！

而我的母亲是家中的老二，由于守在父母身边，所以她一个人承揽了所有的家务，洗衣、做饭、打扫房间等等，但我姥爷对我母亲的评价一直都是"笨手笨脚"，和孝顺没有一点关联。

但近些年我渐渐体会到，其实两位老人从意识层面是选择了我姨妈的，所以姨妈是孝顺的，而我母亲在众多的付出中却只能被老人看到是"笨手笨脚"的。

"先有选择后有评判"的信息处理方式，会让我们处于一种不客观的评判视角。对于被我们选择的那个孩子来讲，他就容易具备很多我们"赋予的优点"；而那个没有被我们选择的孩子就容易进入"做什么都不对"的状态（除非有非常优于意识评判的行为输出）。

父母的选择除了决定评判的视角，还会引发孩子间的攀比情绪，更会决定两个孩子的个人属性、思维方式以及行为方式等等。接下来我们重点来讲父母的选择造就了孩子间的攀比情绪。

Part 3
选择造就了孩子间的攀比情绪

父母在面对两个孩子时，会从意识层面选择一个更喜欢的。两个孩子在面对父母时，往往会下意识地进入攀比状态，因为毕竟在父母那里只有一个"最"喜欢。

父母在意识层面的选择会造就孩子间的攀比情绪，而攀比有时会裹上"懂事"和"贴心"的外衣，我经常听到二胎妈妈们会这样形容家里的某个孩子：

1. 晚上大家坐在一起吃水果，妹妹很贴心地把她最爱吃的火龙果递到我面前，而哥哥只知道边吃水果边目不转睛地盯着电视。

2. 回到家很累的时候，姐姐会放下正在手中研究的功课，很懂事地跑过来帮我捏捏肩膀、捶捶背、揉揉腿，而

妹妹只知道摆弄她的玩具。

　　3. 我不太会做饭，但弟弟每次都特别捧场，把我做的饭菜一扫而光，而哥哥每次都是挑三拣四的，说这个没味道，那个太腥了等等……

　　父母面对两个孩子时，往往是有选择的，选择一个最喜欢、最符合自我要求的；而两个孩子在面对父母时，往往是会攀比的，比谁更懂事、谁更贴心、谁更善解人意等等。

　　那么我们在面对孩子的"懂事"和"贴心"时，有没有验证过孩子的真实情绪是什么呢？

打开二胎家庭的幸福密码

No.1
情绪是最真实的语言

有很多家长可能不明白这里面的具体含义，举个大家都很有感受的例子。假如有一天孩子对你说："老妈，你最好了，你是世界上最好的老妈！"你评判过这是什么意思吗？

1. 字面意思，是一种由内而外的真诚表达。

例如：妈妈给孩子买了他最喜欢的玩具，孩子会这么表达。

2. 因为某些事情有求于你，所以才这么表达。

例如：孩子很想买一个自己喜欢的玩具时，他便有了这样的表达。

3. 一种无奈或崩溃的情绪。

例如：孩子写完作业刚要出去玩儿，这时老妈又拿出两套卷子让他做。

再假如有一天你参加了学校里的家长会，回到家孩子问你："老妈，你吃饭了吗？"这又是什么意思呢？

52

1. 一种正常的询问，表示对妈妈的关心。

2. 一种情绪试探，看看老妈参加完家长会是什么反应。

3. 一种信息的传递方式，例如老爸正在家里生气，通过这种方式告诉老妈。

每个人表达的字面意思以及表象的行为输出都是没有什么明确含义的，这背后的情绪信息才是人类最真实的语言。在面对孩子的任何表达时，我们首先应该把表象信息翻译成情绪信息，这是教育的第一步——解读与还原孩子的真实情绪。

尤其是在面对二胎问题时，这一步就显得尤为重要，因为这直接决定了我们对事件的判定、下一步的行为输出、两个孩子之间的关系以及父母权重的建立等等。

在情绪层面看二胎案例

我们再来看上文提到的一个案例——晚上大家坐在一起吃水果，妹妹很贴心地把她最爱吃的火龙果递到我面前，而哥哥只知道边吃水果边目不转睛地盯着电视。

打开二胎家庭的幸福密码

> 我们来还原一下妹妹这么做的真实情绪：
> 1. 体贴妈妈，把自己最爱吃的水果分享给妈妈。
> 2. 为了证明自己比哥哥更懂事、更贴心。

那么应该如何验证呢？那就是哥哥不在场的时候，我们再看妹妹还有没有这种情绪？如果有，答案便是1；如果没有，答案便是2。

妹妹的真实情绪是1，我们评价她为懂事、体贴，这才属于客观评价；但如果真实情绪是2，那便和是不是体贴妈妈没有任何关系了。如果这时我们对她的评价依旧还是懂事、体贴，那么这种不客观评价不仅降低了自我权重，而且还助长了妹妹的攀比情绪，并且对哥哥的内在感受也是一种伤害。

那么，我们在面对孩子的每一次行为输出时，能否还原孩子的真实情绪？有没有还原过孩子的真实情绪？有没有在真实情绪下给出客观的评价呢？

木耳做得太好吃了

讲述者：程颢妈妈

有一次晚餐，奶奶做了炝炒木耳，由于哥哥不喜欢吃木耳，所以他把这道菜推得离自己远远的。开饭后，弟弟对

54

我说:"妈妈,今天的木耳做得太好吃了,我太爱吃了!今天在幼儿园吃了木耳,你看我回家又吃了!"

我当时看到弟弟感觉很欣慰,不假思索地给出了表扬:"你真棒!一点都不挑食,来!妈妈给个大大的奖励!"说着就用自己的大拇指在弟弟脑门上按了一个大大的"赞"!

我们来进行教育的第一步——解读与还原孩子的真实情绪。弟弟为什么说木耳做得太好吃了!

1. 自己喜欢吃,所以觉得很好吃。

2. 为了向父母证明我在这点上做得比哥哥好,是一种攀比情绪。

如果父母在这样的事情上没有对孩子的情绪进行解读与还原,那么父母的情绪反馈会作为一种美好感受传递给孩子,让他在今后的生活中延续这种行为。

后来我的一个外国朋友请我吃饭,我便带着两个孩子一起去赴约了。我的这个朋友特别喜欢吃咸,所以点的菜都比较重口味。起初哥哥尝了一口菜品,直接说太咸了,就只喝饮品了。我当时觉得哥哥太矫情了,因为我看弟弟还在很平静地品尝,没有表现出任何"不适"的感觉。之后我和我的那个朋友也品尝了其中一道菜品,天哪,我们两个几乎异口

同声地说："这个太咸了！"但弟弟看了我们一眼说："我觉得还行啊！"

从那件事情之后，我深刻意识到弟弟的那种"我要证明比哥哥强"的情绪已经让他对事物的评判变得非常不客观了。

日常生活中像这样的案例还有很多，只是我们没有发现两个孩子是在攀比罢了。

菡菡妈妈："有一次我跟姐姐在玩儿'抢被子'的游戏，姐姐把我的被子都抢走了，我就没得盖了。这时，妹妹立刻把她的被子往我身上推，一边盖一边说：'妈妈你盖，妈妈你盖，我不盖'。"

我们来解读和还原一下妹妹的真实情绪：
1. 担心妈妈着凉，所以把被子给妈妈盖。
2. 为了证明自己比姐姐更关心、更体贴妈妈。

博睿妈妈："有一次哥哥不想去上篮球课，我正在对哥哥发脾气。这时候弟弟跑过来说：'妈妈，你别生气，我去上，我喜欢上篮球课'！"

我们来解读和还原一下弟弟的真实情绪：

1. 担心妈妈生气，用"我去上"的行为，转移妈妈的注意力，让妈妈消气。

2. 为了证明自己比哥哥更懂事、更贴心。

以上两个案例的真实答案是什么，大家可以代入生活中的具体案例去体会、去验证。

No.3
"攀比"造成的问题

不管是对食物的喜好还是对学科的兴趣，做父母的都希望孩子能够遵从自己内心的真实意愿做出最客观的选择。如果一个孩子的选择只是为了把另一个孩子对比成"不懂事""不贴心"，那么这样的做法不仅压缩了自我格局，还会对另外一个孩子形成信息层面的压制。因为父母很有可能对另外一个孩子形成负面认识，从而影响到另外一个孩子的成长。

"别人家"的孩子常年住我家

讲述者：张伟

我上一年级的时候，我姐上三年级，我入学之前，她的学习成绩还是比较一般的。但随着我也迈入了小学校园，她便有了学习的"动力"。我上一年级刚开始学习写字，字写得不是很好看，然后发现我姐在疯狂地练字，后来由于字写得太漂亮，学校的黑板报上经常会留下她的笔迹和名字。她在学校渐渐出名了，老师经常对我说："你可得努力练字啊，要向你姐姐学习！你看咱们学校的黑板报，那上面可都是你姐姐的字迹！"

这一切都只是个开始。

有一次我数学测验得了九十八分，本以为回到家老妈会表扬我，结果我妈拿着我姐考了一百分的卷子跟我说："你还得努力啊，你看你姐姐得了满分！"

三年级的时候我们开始写日记，我用简短的几行文字描述了我的日常生活，正当我带着写"文章"的成就感找到我妈时，才知道我姐的作文得了全年级优秀！我当时就一个感觉——在姐姐面前我简直是一无是处。在这种悲观情绪下，我的平均成绩逐渐变成了七十多分，而姐姐依旧"双百双百"地往家考。我很明显地感觉到姐姐的"动力"都来自我，来自她的优秀让我实在无力反抗，我"败"得越彻底，她成功得就越有动力！

初二那年，由于在学习上彻底失掉自信，我主动退学了。一个月后，已经考上重点高中的姐姐回家的时候得知了我退学的消息，立刻就抱着我痛哭了一场。我能体会到我姐是真心的出于之前那样跟我较劲而感觉对不起我，但是一切都来不及了……

一个孩子做事情的出发点是为了证明另外一个孩子不如自己：他不如我"懂事"，不如我"学习好"，不如我"努力"等等，孩子处于这种不良的"攀比"情绪里会造成四个方面的伤害。（为了便于描述，把张伟与其姐姐定义为双方的代名词）

1. 姐姐行为属性的改变

姐姐努力学习的出发点是证明"我比弟弟强"，或者是"弟弟样样不如我"，不管这种行为方式是为了证明自己还是打压对方，都会使自己的格局变得狭隘。

纵观在各个领域中有所建树的人，要么是有博大的胸襟和胸怀，要么是领域或学科本身给从业者或学习者带来了很大的收获以及内在动力。在那种状态下，学习、研究本身就是一种享受，是一种积极状态下的内在反馈，在这样的情绪下才能对学习有深入的体会和探究。

以上案例中的姐姐为了证明自己比弟弟优秀，确实也获得了

一些提升，那么当弟弟这个"对比点"不存在的时候，姐姐还有没有那么大的学习动力呢？即便未来姐姐能在某个领域有所成就，但是就她"读书"的出发点而言，已经限制了她的格局，所以即便能做出成绩也是非常有限的。

2. 弟弟的成长将被限制

"没有对比就没有伤害。"姐姐就像是"别人家"的孩子常住自己家一样，在父母看来，弟弟的很多行为输出都是不如姐姐的。一个孩子长期在这样的信息压制下就会变得没有自信，丧失掉想要进步的意愿。这一点，我们大家应该都是非常有感受的。在我们的学生时代，能和你产生竞争关系的，都是和你成绩差不多的同学，对于成绩比自己高很多的同学，我们往往是望而却步的。假如自己一奶同胞的亲兄弟或者姐妹，从能力角度比自己强很多，那么自己便会丧失斗志，变得消极和懈怠了。

3. 两个孩子之间的关系会变得紧张

假如你有一个各方面都比自己能力强很多的姐姐（至少在老师和父母心里是这么认为的），在学校里老师对你的评价是："你要多向你姐姐学习，你姐姐在很多方面比你优秀太多了！"回到家父母对你常说的是："你还得努力啊，你看你跟姐姐之间的差距还是很大的！"单从这样的表象来看，可能老师和父母的评价还会成为你奋斗的动力，但事实上不仅如此，如果感受到姐姐学习"动力"的出发点是对比自己，再感受一下老师和父母对自己说的话都是满满的压力。在这种综合信息的压制下，两个孩子的关系怎么可能和睦？姐姐努力的初衷就是证明比弟弟优秀，她会和弟弟有一个良好的姐弟关系吗？弟弟受到的打压都是因为姐姐，他能与姐姐有一个良好的姐弟关系吗？

所以二胎家庭中有一个孩子处于"攀比"状态中时，两个孩子便失去良好关系的基础了。

4. 父母的权重会降低

这点可能有些不容易理解，我们来举个例子：假如你在父母面前耍了一次小伎俩或者是撒了个小谎，父母非但没有发现而且还在你本身意愿的基础上对你进行了帮助和扶持，那么父母在你意识层面的权重就降低了，因为你有了一种隐约的内在感觉叫作

"引领"，你引领了父母的想法和行为。

就姐姐行为的出发点而言，她不仅是享受于优秀而带来的快乐，更享受于"比弟弟优秀"而带来的满足感，她的行为初衷是"打压"弟弟。由于父母并没有捕获到姐姐真实的情绪信息，反而在姐姐"打压"弟弟的道路上给予了一些"助力"。站在姐姐的意识层面，这些"小伎俩"一次次地被父母接受，就如她有很多行为瞒过了父母一样，所以在她面前，父母的权重是降低了的。

再从弟弟的角度来看，由于姐姐在"打压"自己时，父母不但没有看清姐姐的真实意图，反而对姐姐的行为进行了"支持"，这时在弟弟的意识层面就形成了一种父母非但没有把自己保护好，还对自己取得的成绩和进步视若无睹的感觉，所以父母在弟弟这里权重也是降低了的。

父母权重的降低意味着老大与老二的成长可能向着不可控的方向发展，也代表已经出现的状况从父母角度是很难挽回的。

假如时光可以倒流，父母在姐姐第一次为了证明自己比弟弟优秀时，就正确捕获到姐姐的意识信息，那么完全有可能把姐弟俩推向更优秀、更广阔的人生方向上去。当然，弟弟的辍学事件也是完全可以避免的。

把时间倒回到姐姐疯狂练字，为了证明自己的字写得比弟弟好的时期。假如父亲看到了姐姐写的字，便对姐姐说："你的字现在练得不错，比以前有很大进步！但相对于这些漂亮的汉字来讲，我更在乎的是你内在是因为什么练字。如果是对自己的高标准严要求，爸爸佩服你、支持你！但如果是为了一些个人的小目的、小想法，甚至是证明自己比其他人'强'，这是让我非常看不上的行为！因为一个人失掉了胸襟和格局，便失掉了真正优秀的基础！"

我们感受一下，如果当年姐姐听到了这番话，会不会为自己的行为感到羞愧？更重要的是能从父亲的教诲中感受到力量。这番教诲非但不会让她气馁，反而会给她带来真正的学习动力和成长的内驱力。我们想象一下姐姐的未来会是什么样？再想想这样一位高权重的父亲会给姐弟俩怎样的成长方向以及人生的指引？姐弟俩的人生将会有一个质的突破和改变！

No.4
父母为什么看不到孩子间的"攀比"

为什么作为父母很难感受到两个孩子之间的"攀比"情绪，这里面的主要原因有两个：

第一，父母在意识层面有自己的选择。当我们在意识层面选择了一个更喜欢的孩子时，我们会对这个孩子产生最大限度地认同感。在这种认同感下，我们会把对方的行为赋予各种优点。这种优点在另一个孩子的对比下又显得格外突出。

第二，太把孩子当孩子。教育首先是一门人与人沟通的学问，是与人相处的艺术。这里的核心首先是人，其次才是孩子。与孩子相处，首先要把他当成一个自然人而不是一个认知方面还不完善的孩子来对待。父母在意识层面太把孩子当孩子，导致很多父母在跟孩子打交道时习惯了直接做判断。

孩子在想什么，孩子每个行为的真实意图是什么，是很容易被父母忽略的，同时这也是很多孩子能够在意识层面"引领"父母情绪的原因之一。

在感知层面，孩子具备超强的能力。对于父母需要什么、如何能获取父母的认同以及感受父母的情绪是十分清晰的，反而由于父母过于"轻敌"，所以这一点也会被父母忽略，这是孩子可以"引领"父母情绪的原因之二。

每一次跟孩子打交道，都是一场良性的"博弈"。赢了代表我们赢得了权重，引领了孩子的思维和行为方向。输了不仅丧失了权重，还会引起孩子的逆反心理，引发孩子的对抗情绪，这种对抗会让孩子向我们期望以外的方向发展，会让孩子的成长进入不可控的状态。

第三章

父母的选择
对孩子未来的影响

有很多二胎家庭的父母其实已经意识到，自己在两个孩子中间选择了一个更喜欢的。但他们不清楚的是——这种选择会决定未来两个孩子之间的关系，决定每一个孩子的思维和行为方式，决定自己在两个孩子意识层面的权重等等。

Part 1
父母的选择对二胎之间关系的影响

对人的选择：弟弟把仅有的一个苹果吃掉了，妈妈看到后说："哦，苹果没了，那明天再买一些。"哥哥把仅有的一个苹果吃掉了，妈妈看到后说："你自己把最后一个苹果吃了？也不想着给弟弟留？"

对事情的评判：哥哥和弟弟在争一个苹果，妈妈过来面对哥哥说："你看你都多大了，还跟弟弟争一个苹果？"说着便把苹果分配给了弟弟。

父母在面对两个孩子的问题时，无论是对人做出了选择，还是对事进行了评判，都会让两个孩子的关系往糟糕的方向发展。

人和物都只是载体，链接的感受才是真实的

　　有一种美食叫作"妈妈的味道"，不是由于食物本身有多好吃，而是由于妈妈对食物的烹饪过程充满了对子女的爱，在这种美好情绪的影响下，我们感受到食物也是非常好吃的。相反，如果在委屈或者生气等负面情绪下，即便是把全世界的美食摆在我们面前，也会觉得索然无味。

　　我们对事物的喜欢与否，除了取决于事物本身带给我们的情绪信息，更取决于你在面对该事物时，周围环境带给你的是怎样的情绪信息。

　　以"写作业"为例，我们试着代入以下情绪。

　　　小时候的你，刚回到家放下书包，母亲便提醒你："还愣着做什么？还不赶快去写作业！"

　　　你刚拿起笔，母亲就提醒你："注意握笔姿势！"

　　　你刚要写第一个字，母亲提醒你："把头抬起来，腰挺起来！"

　　　你刚写完第一个字，母亲就开始评价："这字写得还不如小时候！"

你稳定情绪继续书写，母亲又开始了："把头抬起来，说你多少遍了！"

这时你在想什么？你又会怎么做？会不会直接把笔扔在桌子上然后大喊一句："我不写了，我不喜欢写作业！"

其实你不喜欢的并不是写作业，而是面对作业时母亲带给你的不美好感受，在这种情绪下，你会认为自己是不喜欢写作业的。在这样的对待方式下，不管这位母亲之前拥有一个多么热爱学习的孩子，也很容易在这种强烈的情绪干扰下使原来的学习热情消耗殆尽，因为孩子的母亲在孩子与学习之间链接上了一层非常不美好的情绪。

父母在二胎中选择了一个更喜欢的孩子，那个没被父母选择的孩子又会因为父母的态度，跟另外一个孩子链接上怎样的情绪呢？这被链接上的情绪又直接决定了两个孩子之间的关系。

No.2
父母的选择影响了两个孩子之间的关系

在我工作室学习的一位妈妈——林静，今年已经快四十岁了，她和弟弟的关系很一般。平时，她也会经常表达对她弟弟的不满。如果家里有两个苹果，母亲把大一些的给弟弟了；两个作业本，母亲把更新一些的给弟弟了；两个书包，母亲把更时尚一些的给弟弟了等等。

有一天，我问了她一个问题："你觉得你和弟弟关系不太好的原因是因为他小时候一直跟你争宠、争东西是吗？"

林静："是的。什么都争！吃的、喝的、玩的……无一例外。"听完她的表达，我接着问道："假如你们小的时候，你弟弟和你正在通过辩论来决定谁应该拥有更大的那个苹果，这时你妈妈出现了，严厉地对你弟弟说：'你一个大小伙子天天跟姐姐争什么？孔融让梨的故事懂不懂？没有男子汉的肚量和大气。今天不许吃晚饭！'这时你会说什么？"

"妈，你别这样，不就是一个苹果嘛，给弟弟吃好了，我不要了！"林静下意识表达完这句后，忍不住地开始哭泣："田老师，这么多年我一直认为我不喜欢我弟，刚才那一瞬间我感受到其实我在乎的是妈妈对我的态度，她只要不强迫我让着弟弟，我根本就不在乎什么苹果，不在乎什么作业本……"

在二胎家庭中，父母选择任何一个孩子都会造成多方伤害。

第一，自我伤害。当你选择了一个更喜欢的孩子时，那个没有被你选择的孩子就会因为达不到你的"要求"而使你痛苦。选择决定评判，这种"达不到要求"囊括了他所做的每一件事情。

第二，对没有被选择的那个孩子而言是一种伤害。由于每个人都是按照优缺评判的方式来评价对方的，那么没被父母选择的孩子往往就会由于各种行为输出不符合父母的需求而痛苦。

第三，对于被选择的孩子也是一种伤害。父母的选择让他在看问题时不客观，往往是以满足父母的需求为核心，制约了他看问题的角度和思维维度。

第四，对两个孩子之间的关系是一种伤害。没有被父母选择的那个孩子会把父母对待自己的情绪发泄到那个被父母选择的孩子身上，他会认为是由于那个孩子的存在，所以父母才这样对待自己，其实那个孩子是很无辜的。

接下来，我们带着以上观点来体会下面这个案例中每个人的情绪，以及父母对待孩子的方式对二胎关系造成的影响。

爸妈的选择对我和弟弟都不公平

讲述者：王小惠（生于 1976 年）

爸爸是奶奶家的长子，而我是长子的长女。在我四岁之前，在这个家里，我简直是集万千宠爱于一身，家里所有好吃的、好玩的统统属于我一个人。

二十世纪七、八十年代的北京郊县没什么好玩的玩具，我叔叔到上海去旅行结婚，回来的时候给我带了一辆红色的儿童铁皮三轮车，特别"拉风"！我记得当时只要我骑车出现在大街上，所有的孩子都会投来羡慕的目光。

　　然而，我的一切优质待遇都在我弟弟出生后结束了。我妈开始背着我偷偷给弟弟塞好吃的，还有我最珍贵的红色儿童车也不再属于我了。弟弟还不会骑车的时候我妈就说："让弟弟坐一下！"弟弟基本可以骑的时候，我妈就经常瞒着我让弟弟骑着我的红色小车出去玩。

　　有一天，我弟弟当着我的面围着我的红色小车转了又转，摸了又摸，很想骑但看看我又不敢表达。妈妈发现弟弟的情绪后立刻要求我说："小惠，把你的车给弟弟骑一骑。"

　　我想都不想，直接回答："我不，那是我的！"

　　"怎么说你还不听了？什么你的我的，一点儿当老大的样子都没有！一点儿都不知道让着弟弟！"我妈一边说着话，一边就挡在我面前把弟弟抱上了车，然后又对我提了个要求："行了，带你弟出去骑车吧，我还得做饭呢！"

　　我当时非常生气，心想：行！我带他出去玩，行！一出门我就趴在他身上双手抓着车把，一只脚踩在三轮车的后撑子上，一只脚不断地向后使力，加速推动车子前进。我越加速心情越舒畅，越加速心里越开心，在我最舒服的时候，我跳下了车，眼看着我弟和三轮车一起飞了出去……

　　看他重重地摔倒在地，我才突然从气愤的情绪中醒过来，好像刚才的那些事情都是"另外一个我"做的！"醒来的我"吓坏了，偷偷躲在一个角落，看着周围的街坊邻居把我弟抱起来送回了家。

小惠认为自己对弟弟是有情绪的，弟弟抢了自己的小车！但其实在这个"故事"里老二也是受害者。母亲对小惠的要求，让她与母亲之间产生了对抗情绪，只是她下意识地把这种情绪发泄在弟弟身上罢了。

在情绪层面上，我们是很容易产生这种混淆的。你在面对某个人或者某个物时，由于第三方的介入让你产生了某种美好或者不美好的情绪，你往往会认为是眼前的人或者物带给自己的。

例如，你上学时遇到一位自己特别喜欢的老师，那么你往往会喜欢他所教授的科目，这时你会认为自己很喜欢这个科目，而其实是老师链接了你与该科目之间的美好感受。这个点可以举反例来验证，那就是如果你遇到一位自己不喜欢的老师，那么往往该科目的学习成绩也会下降，你对该科目的兴趣度也会降低，因为老师链接了你与该科目之间的不美好感受。

再例如，一个孩子趁老爸不在家的时候动了他的宝贝相机，等老爸回来发现这个事情后，对孩子进行了一顿批评或一顿指责。等孩子再见到相机时，就把自己被指责的不美好情绪嫁接在了相机上："看到你就烦，恨不得把你砸了！"这时，家长就在孩子和相机之间链接了一种不美好的感受，而这种不美好的感受其实与相机本身无关。

再回到二胎家庭中没有被选择的那个孩子身上，他认为自己是对另一个孩子非常不满，而核心其实是对父母的不满情绪嫁接在另外一个孩子身上罢了。

　　当然，每个孩子都不清楚为什么两个人的关系会渐行渐远，这是因为父母无意识的选择，在他们两个之间链接上了一层不美好的感受。

　　父母对待孩子的方式，决定了他们之间的关系。接下来看一个上一辈的案例，让大家的感受更深刻一些。

讲述者：周栋梁

　　我生于 1957 年，在家里排行老三，上面有两个哥哥。我二哥出生的时候，我大哥完全是被要求的。我母亲要求他上学要带着老二，放学要看护好老二，有什么好吃的、好玩的都要让着老二，所以一直到现在，我大哥和二哥的关系一直都是不太和睦的。

　　我是家里第三个出生的孩子，从我出生起，我母亲好像就没有精力再去管三个孩子了，我大哥和二哥共同承担起了照顾我、教育我的责任，他们对我都有一种长兄如父的感觉，我对他们也充满了感激之情，所以我分别跟大哥和二哥的关系非常好。

　　我小时候就经常听邻居议论我们，说都是一个母亲生的，为什么大哥、二哥和我的关系都很好，可他们之间却经常是水火不容的感觉呢？当时我还认为是我的人缘好，所以两个哥哥都很喜欢我。现在看来，大哥二哥的关系不太好是因为我母亲总是对大哥提要求，压制着大哥，所以大哥把这种情

74

绪散发到了二哥身上。

而我出生后，母亲退出了"管理岗位"，我和大哥、二哥之间便有了兄弟之间的情谊。

父母不对家里的老大、老二提要求，让兄弟们的关系回归到自然状态，那么老大、老二照顾老三便是一种天性，"血浓于水"的情谊让他们拥有了不错的兄弟关系。

但在老三出生前，父母对老大的要求让老大产生了一种对抗和不满情绪，由于这些要求是父母在面对老二时对老大提出的，所以老大与老二之间就被链接上了一层不美好的感受。其实这种感受的产生没有老二什么责任，但兄弟之间的关系已经由于父母的链接而变得不那么美好了。

No.3
二胎之间关系的平衡就像是弹钢琴

假如你是一位钢琴演奏者，那么从你指尖流淌出的每一个独立的音符都是无可挑剔的。因为就单个音而言，无论从音色、力度、时值任何一个方面来讲，都是一种独一无二的存在，没有什么好比较和评判的。但演奏不是单个音符的艺术，演奏的难点在于如何平衡音与音之间的关系。

二胎关系就像是弹钢琴，研究某一个具体音符没有任何意义，音乐的美妙在于音与音之间的关系的和谐，而不是去关注一个音的高低与强弱；二胎关系的艺术也在于此，互动关系美不美好是核心，而不去关注一个孩子的行为与思维方式。

我们之前很少有二胎家庭的父母从这个层面考虑问题，所以导致了二胎关系的失衡。现在可以把这个标准提上日程——如何和孩子们互动可以让他们之间的关系变得更紧密、更美好呢？

假如两个孩子分别是两组动听的音符，父母作为演奏者如何才能演奏出动听的效果呢？第一，把两组音符当作一个整体去把控，而不是单独去研究哪组更动听。只要这两组被剥离开来，就不会形成统一美妙的旋律；第二，促进两组音符的磨合。只有长期的磨合才能达到最好的效果。

把父母从演奏者的角度拉回到教育者的角度，也是要具备这两点才能使两个孩子之间的关系越来越亲密，越来越和睦。第一，把两个孩子当作一个整体来看待，只要是分别对待就会有选择，有选择就会有攀比；第二，通过父母与孩子的互动促进两个孩子之间的关系，之前无论是我们与孩子互动的角度还是维度，都让我们无形疏远了两个孩子之间的关系，现在把促进他们的关系作为互动的主旨，这样的互动才是高效的，有利于孩子们共同成长的。

Part 2
老大思维与行为方式的养成

如果老大感受到违背自我的内在意愿把"苹果"让给老二，可以得到父母的认同和赞赏，那么他未来的行为方式会是怎样的呢？如果老大把这种行为方式复制到了其他环境，通过不断地让出"苹果"来获得他人的认同，那他的未来又会是什么样呢？

教育者的行为输出 + 特定属性的教育主体 = 教育主体所产生的情绪和想法。

从以上教育方程式中我们可以看到，等式左边是父母的行为输出，右边是孩子在特定环境下产生的想法（思维方式）。

案例一：微弱的"光"

讲述者：李志远（"70后"）

在我七岁的时候妹妹出生了，我经常远远地看着爸爸妈妈逗妹妹玩，妹妹在那开心地咯咯笑，每个人脸上都洋溢着幸福和欢乐。那时，我感觉自己像个局外人，有种深深地被冷落的感觉，这种感觉让我在很多时候会不知不觉地掉下眼泪来。

有一次我妈煮的水开了，她把妹妹放在客厅里让我看一

下，就转身去厨房关火了。我面对着妹妹轻轻地逗了她一下，她立刻开心地笑了，我妈从厨房出来，看到我把妹妹逗开心了，她也会心地笑了。虽然不清楚那个笑容是不是给我的，但那时的我仿佛抓住了一道幸福的光，只要我能让妹妹开心，我认为妈妈就能给我无比温暖的笑容。那个时期的我，特别需要这种笑容来安慰自己。

我记得有一年暑假，我的好几个同学都跑来家门口喊我一起出去玩，我爸妈也支持我去，我很欣然地出发了，但是刚跑出门口没几步，我就感觉特别没有安全感，心里好像很空虚，感觉那"三口之家"的欢乐又要把我排除在外了。我心里很难受，确切地说是害怕，害怕爸爸、妈妈和妹妹的笑容太满，满到我融不进去。那时我知道爸妈其实不是这么想的，但是我依旧控制不了自己的想法。我放弃了一起出去玩的机会，转身跑回家照看妹妹了。

从那时起，我好像养成了一种行为方式，就是通过让对方舒服和开心，换取自我需要的温暖和安全感。就这样，一直到大学毕业，一直到工作了很多年。

2010年，我遇到了一个很好的求职机会，之后通过应聘，我来到了一家很成熟的IT公司，老板看我有很好的技术和做过几个大项目的经验，就直接安排我做一个核心部门的负责人。身边的朋友在得知这个消息后都为我感到高兴，我爱人也觉得我这么多年终于熬出头了，但我在入职两个月后却主动申请离职了。原因是我的几个"手下"各有各的想法，并且经常各执己见，他们总是需要我在关键时刻出来"拍板"，而每当这时我的内心是恐慌的。我经常怀念自己只是一个纯粹的技术员时的日子；我享受于只是做做工作，不用与人打交道的日子；我享受于大家相安无事地把一件事情做好，不要发生太多意见上的争执，即便是发生相关的争执也不需要我来评理或者做主……

通过李志远的案例，我想大家都能感受到什么是思维方式。就是在各种不同环境下所呈现出的一种统一的想法。李志远的思维方式是在任何环境中都希望对方是舒服的、开心的，这样自己也不用面对压力，不用面对冲突。因为他非常缺乏安全感，所以环境中的任何动荡都会让他感到不安。

我们的教育，尤其是家庭教育，应该时刻关注在孩子的意识层面产生了怎样的情绪和想法，尤其要关注长期在一个环境下的

某种情绪的持续和想法的蔓延，如果长时间得不到干预，那么就将形成一个人的属性以及看问题的视角。很多人一生的痛苦来自身边人曾经对自己做过的一件事，而很多人的幸福也来自身边人曾经为自己做过的一件事。作为父母，如果我们能够看到是哪些事件改写了孩子的想法，导致了他非客观的思维方式的养成，那么我们便可以改写孩子的人生，为孩子打造一个更加美好的未来。

　　我们选择了一个孩子，那么那个在意识层面没被我们选择的孩子往往会缺乏安全感，尤其是对于年龄比较小的孩子而言，父母可是他们的全部。

　　在我们面对一个既可爱又好玩的小孩子时，内心总是忍不住地想要逗一逗或者抱一抱他，这时我们需要体会一下老大的感觉，他很可能会认为爸爸妈妈不爱我了，也不跟我互动了。这时候我们如果能够感受到孩子产生了这方面的情绪，那么我们就把老大也叫过来，然后对他说："过来，儿子，让我抱抱，让我也逗逗你，笑一笑。"你想想老大这时会在一种怎样的情绪里？他这时会不会很尴尬？而尴尬情绪会让他产生一个想法："我都这么大了，你还要抱我、逗我，这让我太不好意思了……"有了这种情绪的存在，他就能认识到爸爸妈妈并不是不爱他，而是他自己不再接受被抱一抱和逗一逗了。这种教育指导方式叫作情绪替换，用尴尬情绪替换了老大的失落情绪。

　　这时老大的内在便没有一种被冷落的感觉了，因为他深深地体会到，如果父母按照对待妹妹的方式对待自己，那将会是一种很难受的感觉，这时孩子的安全感便不会缺失。

如果李志远的母亲去关火时，再给予老大足够的信任感："我去关火，你妹就交给你了！"转身离开时，再给老大一个信任满满的微笑，他便获得了足够的信任感和价值感。那么李志远的人生可能就在这样几件小事中被改写了。他不会再惧怕身边是否有人心里不舒服，也不再惧怕做评判、做选择，他将会具备一种叫作"老大"的气质！

教育无小事，每个信息的出现都可能改变一个人的人生轨迹，时刻关注孩子的情绪和想法，时刻对孩子的情绪进行指导，对孩子的想法进行辅正，那么每个人都可以拥有一个幸福的人生。

案例二：精准寻找痛苦点

徐晓筱，"70 后"。她四岁的时候，弟弟出生了。她从情绪层面捕获到妈妈是喜欢弟弟的，但妈妈在行为层面的平等让她找不到妈妈偏心的"证据"。

她上小学的时候，学校组织过一次春游，晓筱妈妈准备了两份一模一样的野餐食物，但当妈妈准备好的时候，晓筱就立刻过去检查，看看两个人的野餐食物在种类、数量和质量上是不是一样的，她总觉得弟弟的那份肯定比自己的好。即使检查完后发现是一模一样的，她也会从弟弟的食物里挑

一两样零食跟自己的调换一下，确保妈妈真的没有偏心。

而其实她本身是一个不喜欢吃零食的人，她在乎和质疑的是母亲对待他们时是不是公平的。由于她长期在那样的成长环境里，所以就养成了一种负面的思维方式，那就是"我的肯定没你的好"，后来这种认识延伸为"我的肯定没别人的好"。

上学的时候，由于她成绩还不错，老师把她调到了讲台旁边的位置，可是她的第一想法却是，我的座位肯定没有别人的座位好，一定是没人愿意坐这个位置，所以老师才把我安排在这儿的。

工作了之后，她们几个一起实习的同事被分配到了不同的部门。她的第一想法就是，她们分配的岗位肯定比我的好。

每个人的"自认为"对自己而言都是真实的，就像"一朝被蛇咬十年怕井绳"，对于怕井绳的人而言，他就会认为那是真实的"蛇"。不管现实或者客观真相是怎样的，晓筱总是活在"自认为"的世界里。这种思维方式让她非常痛苦，而且在单位的人际关系也非常不好。

她第一次到我工作室里来的时候，我递给她一瓶茉莉花茶，我手里留了一瓶乌龙茶。她下意识地盯着我手里的乌龙茶看了一眼，我接着回应了一句："即便我给你的是乌龙茶，你也会想为什么不把茉莉花茶给你。对于你而言，给你哪瓶都不行，你会精准地找到让自己痛苦的点。"她先是愣着思考了一会儿，之后苦笑了一下。

晓筱小时候，她的母亲从意识层面选择了弟弟她是很清楚的，可是在物质层面她却没有找到过任何的不同，所以由此产生了一种思维方式，那就是我的肯定不是最好的，最好的在弟弟手里。

那么现在面对我的时候也是一样，她下意识地认为最好的那瓶茶在我手里；在单位面对同事时，最好的职位在同事那里；在学校面对同学时，最好的座位在同学那里等等……

这种负面的思维方式折磨了她三十几年，晓筱问了我一个问题："小时候，我妈如何对我，可以避免我形成这样的思维方式呢？"我说："很简单，告诉你一句话，你完全就会是另外一个人，一个开朗、积极又幸福感十足的人！"

她说："哪句话？"

我以妈妈的口吻对她说道："晓筱啊，你看妈从小在农村长大，重男轻女的观念至今还是扔不掉，我自己也特别生自己的气！"

我接着表达道："如果你妈妈对你说了这句话，你的意识和思维层面就统一了，这时，你得到的答案是我妈果然是偏心我弟弟的。而你每一次验证的结果又都不是这样的，每一次验证对你而言都是一次超出预期的惊喜，你想想你是不是又积极又乐观又有幸福感？"

晓筱听到我的表达，先是会心地笑了，之后又叹着气开始摇头，意思是：这么简单的道理，早点明白就好了。

　　思维方式是指一个人思考问题的角度和方式，在传统的教育理念下，一个人的思维方式一旦生成是很难改变的。但教育方程式"教育者的行为输出 + 特定属性的教育主体 = 教育主体所产生的情绪和想法"的出现，为我们改变一个人的想法提供了切实可行的依据。

　　首先，在教育过程中，我们应该关注的是孩子的情绪和想法；其次，在我们感受到孩子的想法出现问题时，应该通过传递情绪信息的方式让孩子内在发生改变，情绪发生改变，这时随之而改变的就是想法了。

　　在这里再举个小例子，让大家感受一下思维方式是如何被改变的。

　　　　有一个孩子由于长期缺乏价值感，所以总是喜欢在和朋友相处的时候显摆自己的新文具或者新球鞋等等。比如，他新买了一个文具盒，和同学一起放学的时候就会说："哎呀，书包里的东西硌着我了，我还是把新买的文具盒换个位置放吧！"

　　大家感受一下，如果你是这个孩子的同学，是不是也很想远离他呢？关键是这种显摆已经成了他的一种思维方式，在任何环境、任何场合他总是有这种情绪。

　　后来我为了指导他改变这种思维方式，就教他说了一句话，我说："你以后在任何场景下，想要展示自己的文具、运动鞋或者其他物品，都在你表达的内容前，加上一句话，那就是'大家都来看我显摆显摆啊！'"

之后这个孩子就有了这样的语境："大家都来看我显摆显摆我新买的文具盒！""大家都来看我显摆显摆我的新球鞋！""大家都来看我显摆显摆我新买的书包！"

当你听到环境中有个孩子这么表达时，你会认为他是在炫耀还是觉得这个孩子很有意思呢？而他获得的真实反馈是大家都觉得很有意思，因为一个能把"显摆显摆"表达出来的人，明显是在开玩笑嘛！他这样的一句话，改变了他人的思维视角，也改变了他自己的思维视角。

Part 3
老二思维与行为方式的养成

如果父母要求老大让着老二，使老二产生了一种"老大让着我是应该的"这么一种思维方式，那么老二未来的行为会是怎样的呢？

如果父母要求老大让着老二，让老二从情绪层面捕获到"父母在意识层面选择了自己"，那么老二未来的思维和行为方式又会是怎样的呢？

No.1
父母的行为输出与孩子思维、行为方式之间的关系

有一档帮助孩子向父母表达心声的栏目，让孩子说出藏在心里的话语。一个六年级的女孩刚对大家说完第一句话，

泪水就止不住地在眼眶里打转："我的妹妹特别喜欢招惹我。每次我想教育她，她就会跟爸爸告状。而爸爸不管真相是什么，二话不说就跑来教训我。"

她压制住心底的委屈，哽咽着对爸爸说："爸爸，你能不能不要每次都相信自己所想的，能不能试着相信我一次？"

她等了许久，才等来爸爸回答："古人都知道以大让小，你比她大，这个道理还用爸爸说吗？"女孩不理解，哭着问爸爸："但是为什么每次是她做错了却要我道歉？"爸爸说："她小，她不懂事，你也不懂事吗？"

女孩还是想试图说服爸爸："可是我每次让着她，让着让着她就成了习惯。所以她再怎么欺负我，都知道你不会说她。可是她永远会比我小，难道我要一辈子让着她吗？"本以为爸爸听了女儿的话会反思，但结果并没有，他仍然坚持己见地说道："还是刚才那句话，爸爸再重复一遍，毕竟她小，不懂事。"

我们很多父母之所以对孩子们之间的矛盾以及孩子的一些行为方式不是太在乎，是因为内在有一句潜台词，那就是：等他们长大了就好了。而如果我们能够看到以下两点，还会不会抱有"长大就好了"的想法呢？

第一，在以往的教育理念下，思维方式一旦养成就很难改变；

第二，孩子的思维方式的造就源自父母和他们的互动方式。

　　就以"毕竟她小，不懂事"为例，如果父母对老二的保护与照顾，让老二认领了一种"老大让着我是应该的"这样一种属性，那么老二未来的思维和行为方式又会是怎样的呢？

　　李楠（1965年出生）家里有兄弟姊妹四人，他是最小的那个孩子。从出生起，他就被父母小心呵护着。各种好吃的、好喝的、好玩的肯定都是留给他的。如果他跟姐姐闹了矛盾，被批评的永远都是姐姐。同时父母也要求三个姐姐必须要让着他、照顾他。父母的道理很简单，就像刚才那位爸爸说的一样："他小，不懂事"。李楠就在这样的"呵护"下长大了。

　　高中毕业后，李楠不愿意参加工作，父母就养着他。由于从小被呵护惯了，所以李楠也没有觉得有什么不妥。几个姐姐虽然相继结婚，有了自己的家庭，但还是依旧从经济上帮助他、支援他。

　　后来李楠有了自己的家庭和孩子，他也想给孩子更好的生活和良好的教育环境，但他的思维方式不是通过自己的努力去为孩子创造，而是对自己的大姐提要求！他要求大姐把自己的孩子接到身边照顾，并且提供良好的教育资源。就这样，自己的孩子被"安排"出去了，也不用自己再操心了。

　　日复一日，年复一年，李楠也步入了老年生活，晚年的他依旧是几个姐姐在照顾，因为他以往的思维方式让他觉得这几个姐姐照顾他都是应该的。

在二胎家庭中，如果父母的这句"他小，不懂事"让老二听到了，他会产生怎样的想法呢？

1. 我还小，不懂事，哥哥姐姐让着我都是应该的。

2. 我还小，不懂事，哥哥姐姐照顾我都是应该的。

一个人在特定环境下，长期受到某种信息的影响，就会形成与之相匹配的思维方式。如果老二长期在成长环境中都具有以上的想法，那么就造就了李楠这样的人物属性以及思维方式。

假如老二是被父母在意识层面选择的那个孩子，那么这个孩子很容易在父母的"赏识"下进行属性认领。

属性认领：一个人意识层面对某种美好感受的捕获，让自己认领了与该美好感受相关的行为属性。

举个例子让大家感受一下，什么是"属性认领"。

一个孩子吃饭时很偶然地坐了一把粉色小椅子，这时孩子的妈妈这样表达道："我们家妞妞每次吃饭都要坐这把粉色的小椅子，别的椅子根本不坐。"这时如果小女孩听到了母亲的表达，并且感受到"吃饭都坐着这把粉色椅子"是有品位和高级的体现方式，那么每次吃饭坐着粉色椅子就是美

好的感受。在这种情绪下，小女孩便认领了一种属性，那就是在家吃饭时必须坐这把粉色椅子。

如果大家感受到了"坐粉色椅子"的属性是如何被小女孩认领的，那么接下来这个男生爱哭的属性，大家便也可以理解是怎样被父母造就的了。

一个爱哭的中年男人

韩永辉，1980 年出生。永辉是家里的老二，是母亲特别宠爱的孩子，他就连掉个眼泪都会被母亲赋予美好的定义。

小时候，永辉没写完作业会被母亲描述成："我们家小辉就是脸皮薄，还没等老师批评呢，自己就过意不去了，那眼泪吧嗒吧嗒地就开始往外掉。"

有一次永辉的父亲在下班的路上由于路面湿滑，从自行车上摔了下来摔破了膝盖。回到家里被永辉看到了，他的眼泪就像条件反射一样，立刻掉了下来。母亲见状，一边帮永辉擦着眼泪一边说："小辉心疼爸爸了是不是？我们小辉就看不得爸爸妈妈受苦，一看到就难过得掉眼泪。"

当然，小辉的母亲有时也会抱怨："你说我们家小辉怎么就添了这么一个爱哭的毛病呢？动不动就掉眼泪，你看这也没法说，你一说人家，这口还没张呢，人家就意识到了，就又掉眼泪了，你说这孩子可怎么办？"

表面上是抱怨，真实情绪是一种认同甚至是炫耀，所以永辉在母亲对"掉眼泪"的认同下认领了该属性。现在虽然已经人到中年，但还是和小时候一样，动不动就会掉眼泪。爸妈生病了掉眼泪，自己的孩子入学遇到点麻烦掉眼泪，工作上遇到点难题掉眼泪……这种属性已经给永辉的人际和工作带来了很大的困扰，但他自己却无力改变。

一个人认领了某种属性，代表着他在遇到类似事情时会形成"条件反射"，下意识地就会调用与之相匹配的行为输出。属性一旦被认领，往往会伴随一个人的一生。因为在以往的教育认知下，属性的认领是在意识层面建立的链接，而属性的改写却是通过思维去传递的。

从思维层面告诉对方："你这样总掉眼泪不好，你掉眼泪别人怎么看待你"等等这些表象的说教，是很难改变一个人从意识层面认领的属性的。

在这里简单诠释一下，在意识教育体系下如何摘掉"爱掉眼泪"的这个属性链接，但这个内容不作为本节的重点。根据教育方程式（教育者的行为输出＋特定属性的教育主体＝教育主体所产生的情绪和想法）的指导，只要我们破坏掉被教育者的情绪，那么对方便无法留下眼泪来。

例如，无论当永辉由于什么原因即将要掉眼泪时，在他掉眼泪之前说一些类似的话："永辉，你该不会又要掉眼泪了吧！""大家快看呐，韩永辉又要掉眼泪了！""韩永辉，我打赌你一会要掉眼泪了，如果我猜错了，我就在你面前掉眼泪！"无论如何表达，主旨只有一个，那就是打破他要掉眼泪的情绪，这样长此以往，他便不会再陷入动不动就掉眼泪的情绪里了。

回到"属性认领"这个课题。在二胎家庭中，尤其是在被父母选择的那个孩子身上，就更容易发生这样的现象。因为被选择的孩子往往与父母的互动是很美好的，在美好互动中默默认领一个属性。

讲到"属性认领"，我想很多家长还是比较有感受的，但孩子的这种认领往往都是父母下意识或无意识的举动造成的，所以孩子思维方式的建立以及行为方式的建立往往都是不可控的。

No.2
有意识地为孩子建立优良的思维与行为方式

在以往的教育认知下，由于家长对属性认领的概念比较模糊，对自己所传递的情绪信息也没有什么概念，所以孩子捕获到的美好感受往往也是不确定的。

有的孩子在某种美好感受下捕获了"爱哭"的属性，有的孩子捕获了"太有主见"的属性，有的孩子捕获了"不吃米饭"的属性等等。当我们深刻了解这个概念之后，我们可以人为地为孩子建立一些优良的思维和行为习惯。

> 有一个小女孩的妈妈在女儿看《苏菲亚公主》时，对自己的朋友说："这孩子从小就有一个公主梦，她就喜欢高贵的东西，喜欢看有关公主的影视作品。"这位妈妈在表达时完全不看着自己的女儿，但又确保她能听到自己的讲话。之后，她便收获了一位高贵的、举止稳妥的小公主。
>
> 有一个男孩的爸爸（中学物理老师）在客厅跟孩子的妈妈聊天："我们班有一个学生和咱们家孩子的思维方式很像，都是很客观、很理性的那种。他在做一个决定的时候总是会验证自己是不是受到了情绪的干扰，我觉得在这样一个年纪就能具备这样的思维方式是很难得的。"男孩的爸爸虽然在客厅说话，但是所表达的内容完全被正在房间写作业的男孩捕获了，从此男孩具备了一种思维方式——客观。

远离痛苦的感觉，追求美好的感受，这是每个人的本能。由于我们之前不了解自己的行为输出为孩子链接了某种情绪，所以类似"让孩子对学习产生了不美好感受""让孩子对'掉眼泪'

产生了美好感受"这样的"错误链接"在教育领域比比皆是。现在我们理解了"属性认领"的原理，便可以为孩子打造一些优良的思维和行为方式。

在这里，仍然要强调"权重"问题。因为在父母具备高权重时，这些情绪信息才有利于传递给孩子；当父母的权重较低时，孩子是排斥甚至抵制父母的情绪信息的，这就是在本书中会经常提到"权重"这个词的原因。

上文中举了一些很显性的例子让大家感受父母的行为输出和孩子思维与行为方式之间的联系，可能日常生活中会有比这些更突出或者更隐晦的案例，但主导方向是一致的，那就是父母传递的信息影响了孩子的未来。

Part 4
选择降低了父母的自我权重

老大、老二在争一个苹果，父母把这个苹果"判"给了老大便降低了自己在老二意识层面的权重；父母把这个苹果"判"给老二便降低了自己在老大意识层面的权重。

当然，假如做父母的把苹果"判"给了老二，是在老二意料之中的事情，那么父母将同时降低在两个孩子意识层面的权重。（本节假设父母在意识层面选择了老二）

No.1
父母降低了在老大意识层面的权重

你小时候有没有这样的经历：上课铃已经打响了，这时有两个学生迟到了。一个学习成绩非常好，而另外一个学习成绩非常差。他们两个相继出现在教室门口喊着报告，老师面对学习成绩好的学生就是一句话："进来吧。"而面对成绩不好的那位学生立刻就是责问："干什么去了？为什么迟到？为什么没有时间观念？"

很明显，老师对待这两个学生的态度是截然不同的。这时候你往往会和身边的同学议论："你看老师就是偏心，对学习好的和学习不好的同学明显就是两种情绪。"

体会一下，一位被学生这样议论的老师会具备高权重吗？再体会一下，你不是迟到事件中成绩不好的那个学生，都会有这样的情绪，那么如果"主人公"就是你呢？你就是在迟到事件中不被老师选择的那个学生呢？眼看着另外一个学生被老师在情绪层面呵护，你还会是旁观者的那种心境吗？那位老师会在你心里具备高权重吗？

这是在学校里，现在我们回归到二胎家庭中来。

在父母面前老大时刻感受到的都是父母对老二在情绪层面的呵护与宠爱，老大会产生怎样的想法和情绪呢？

例如：弟弟在和哥哥争一款玩具，做母亲的直接对着老大说："你就不能让着弟弟吗？一点当老大的样子都没有！"

哥哥："我为什么每次都要让着他，我不想让！"又或者哥哥是另外一种表现，虽然默默地掉着眼泪，但是攥着玩具的手却丝毫没有松开的意思。

前者是倔强，后者是委屈，不管是哪种体现形式，哥哥的核心情绪都是"不服"！

一个孩子在不服父母的"管理"或评判时，父母在孩子意识层面的权重是降低的。

No.2
父母降低了在老二意识层面的权重

父母在意识层面选择了老二，那么应该在老二心目中建立一个高权重了吧？错！依然是很低的权重，甚至比在老大那里还要低，因为老二能够"引领"父母的想法和情绪。

这种被孩子"引领"了情绪和行为的父母能在孩子意识层面建立一个高权重吗？简单点来理解"权重"，那就是谁更有"权重"谁便可以影响对方的情绪、思维和行为方式。

孩子具备解读情绪信息的天赋，老二站在父母选择了自己的基础上，便会下意识地读取父母的情绪信息并对其进行"引领"。

一位二胎妈妈带着自己的小儿子 Tree 上轮滑课，课上到一半 Tree 就从场上下来了。他滑到妈妈面前："妈妈，我

不舒服。"

妈妈："哪里不舒服呢？"

Tree："小腿总是抽筋……"

还没等孩子完全表达完，妈妈就立刻让他坐下，并且开始帮他按摩小腿了。

就这样，很自然接下来的半节课不用上了，而这也正是 Tree 的预期，Tree "完胜"了自己的妈妈。

俗话说"关心则乱"。二胎家庭的父母在面对意识层面选择的那个孩子时，往往会丧失掉基本的理性判断。

如果 Tree 的例子代入感不是那么强的话，接下来我举一个老师与学生的例子来增强大家的代入感。

小韩是一名五年级的小学生，他在课上揪前排女生的辫子被老师在课间叫到了办公室。在老师开口批评他之前，他先于老师说道："老师，我知道错了，我不该欺负女同学，我以后再也不敢了！"老师听了小韩的表达，顿时不知道该说什么了，只能无奈地说："既然知道错了，下次别再犯！"表达完就让小韩回去了。

如果你感受到以上家长和老师的做法是被孩子"引领"了情绪和行为的，我可以再让大家感受一下提升权重的做法：洞悉对方的想法，"引领"对方的情绪和思维。

例如：Tree 滑到妈妈面前说："妈妈，我不舒服。"这时你只要说："哪里不舒服呢？"就被对方"引领"了，因为你回答的内容是在他的思路和情绪里的。所以，我们回答的基本方向是要跳出对方的情绪，引领对方的想法。

> Tree："妈妈，我不舒服。"
>
> 这时，我们首先应该解读和还原孩子的真实情绪：
>
> 1. 真的身体不舒服。
>
> 2. 一种撒娇情绪。

当我们判断是第二种情绪时，可以试着这样对话：

> 妈妈："是因为没有别人滑得好，所以你的心里不痛快吗？"
>
> Tree："啊？"
>
> 妈妈："哦，我知道了，你需要更多的指导，没问题！一会儿下课我跟教练说，让他每次单独辅导你一会儿。"
>
> Tree："哦。"

妈妈回答的思路跳出了 Tree 的预判，所以他无法再进入撒娇情绪。妈妈引领了他的情绪，赢得了权重。

101

　　再来看小韩的案例。

　　他先于老师说道："老师，我知道错了，我不该欺负女同学，我以后再也不敢了！"

　　老师听了小韩的表达，立刻回应道："挺好，你既然知道我要讲的第一个问题了，那现在我直接问第二个，今天我在课堂上讲了什么内容？"

　　小韩："啊？"

　　小韩怔住了，"词穷"了，"败"了……

　　无论是父母还是老师，只有在思维和情绪层面"赢"了孩子，才能对他们具有引领作用，才能在他们心目中建立一个高权重。

No.3
权重对教育的意义

　　女王妈妈："看你手脏的，快去洗手！"

　　孩子回复："好嘞，老妈！我去去就来！"

　　女仆妈妈："看你手脏的，快去洗手！"

　　孩子回复："我觉得不脏啊"或者"我刚洗了"或者"我

懒得洗了"或者"一会儿再洗吧"……

通过以上对话我们可以发现，面对一个在自己心目中高权重的人，对方的信息输出在我们这里是"直译式"——信息接收者处于直接获取信息的状态。反之，当我们面对权重比较低的对象时，对方传递的信息往往会使我们产生对立情绪，从而导致信息无效或者反向。

——摘自《学习一门与孩子沟通的语言》

家庭教育的主旨是丰富孩子的感知。感知的丰富是素质的体现。

作为二胎家庭的父母，无论是丰富的感知还是健全的思维方式，都需要通过情绪互动传递给孩子。但如若父母在孩子意识层面的权重比较低，父母传递的信息就像是"快去洗手"的要求一样，会被孩子忽视或抵制。

父母在孩子面前拥有一个高权重，孩子会无形地复制父母的思维和行为方式，这时的教育是高效的，孩子的成长方向也是可控的。

第四章

深入解读
老大、老二与父母的
三方视角

站在父母和孩子的不同视角下，会看到不同的世界。哪种视角更客观呢？答案是高维！站在更高维度来解读老大、老二和父母的三方视角，展现老大"憨"与老二"精"的个人属性是如何养成的，诠释父母为什么会输出一些"掩耳盗铃"的行为。

Part 1
为什么俗话说老大"憨"

二胎家庭的父母如果能够获得更多看问题的视角，或许可以改变在面对孩子时的行为输出方式。例如：父母如果能够了解老大是获悉了他们意识层面是选择老二的，只是这种"获悉"有没有提升到他的思维层面，也就是说有没有被大脑所捕获，那么在面对老大时的行为输出便会有所改变了。

No.1
父母选择了谁都会被孩子"看"在眼里

你有没有发现，孩子具备以下两种天赋?

例如：父母在回家的路上大吵了一架，一进家门便装作

若无其事的样子，但孩子可以精准地捕获到："老爸，老妈，你们刚才是不是吵架了？"——孩子具备精准捕获对方情绪信息的天赋。

再例如：老爸的个人属性是喜欢"动"的，那么孩子在与老爸互动时便会呈现出"动"的特征；老妈的个人属性是喜欢"静"的，那么孩子在与老妈互动时便会呈现出"静"的特征。——孩子具备精准捕获对方属性信息的天赋。

由于孩子具备捕获情绪信息和属性信息的天赋，所以无论是二胎家庭中的老大还是老二，都可以从父母的情绪流露中捕获到父母在意识层面选择了谁，尤其是那个没有被父母选择的孩子。

我和妹妹说了同样的话

讲述者：孙岚（1977 年出生）

小时候，妈妈带我和妹妹一起到大姨家去过暑假，在大姨家住了两周之后，我和妹妹都感觉很无聊了。这时，妹妹先向妈妈开了口："妈妈，我觉得大姨家没意思，我想回家。"

妈妈摸了摸妹妹的头说："等你大姨晚上下班回来，我跟她说说，让她送咱们回家好不好？"

"好啊，好啊！"妹妹开心地跑开了！

我不知道是因为妹妹被妈妈温柔地摸了摸头让我很羡

慕，还是那种开心的感觉让我很羡慕，总之我也走到妈妈面前重复了妹妹刚刚说过的话："妈妈，我觉得大姨家没意思，我也想回家。"

谁知妈妈的态度立刻就变了："在这没意思，在家就有意思了？在家的时候吵着要出来，现在出来了，又开始吵着要回去？"

我当时非常费解，为什么我和妹妹前后跟妈妈说了同样的话，妈妈的态度竟然完全不同，后来这样的事情越来越多，我便越来越清晰地感受到妈妈其实更喜欢妹妹。

我和弟弟做了同样的事

讲述者：李珉赫（初一）

我和弟弟相差六岁。五年级的那个暑假，妈妈要带我和弟弟出去旅游。出发当天，我正在收拾行李，就看到弟弟拎着自己已经收拾好的行李箱打开了家里的大门，直挺挺地站在门口。不一会儿，妈妈看到这一幕就对我说："李珉赫，你能不能快点？你看看弟弟，不但东西收拾好了，还知道站在门口等你！"我当时首先想到的是：要是真的为了等我，至于站在门口吗？这不就是做给你看的嘛！这是临出发前发生的一幕。

旅游结束返程的时候，我学"聪明"了。在酒店，我早

早地就把行李收拾好，然后把我们所住的房门打开，站在门口等着我弟。谁知妈妈看到后，在房间里对我喊道："你在门口站着干吗？自己收拾好了，不知道帮你弟弟收拾收拾？"那一刻，我突然感受到弟弟做的事情永远都是好的，因为妈妈评判的天平永远都倾向于他。

从我们是孩子的角度来看，如果上面有哥哥姐姐或者下面有弟弟妹妹，你是不是也能感受到父母更喜欢的是哪一个？当然，如果你是独生子女，在学校的时候是不是也能感受到老师更喜欢哪个学生呢？再从我们已经为人父母的角度来看，即便我们在自己家孩子身上看不清楚，是不是也可以从身边的朋友、同事或者邻居对待他们家孩子的态度上，发现他们的情绪及选择呢？

由于没有被选择的那个孩子在意识层面不符合父母的要求，即便有着和另外一个孩子相同的行为输出也不会被父母给予太好的评价。所以，没有被父母选择的那个孩子就越来越不是父母想要的样子。就好像领导刚到办公室就有人接过他手里的公文包，如果对方是他赏识的人，他会认为对方有"眼力见儿"；如果对方是让他不满意的人，他会认为对方是在"讨好"或"争表现"。而被他判定为"争表现"的人，以后还会做这样的事情吗？

No.2
老大"憨"的缘由

　　二胎家庭中的老大常常有这样的感觉：怎么做都达不到父母的要求，怎么做都达不到父母的满意。因为在父母那里，选择已经决定了他们的评判方式。由于每个人都具有追求美好和远离不美好感受的内在属性，所以老大通过以往的经验预判到某些行为输出会给自己带来不美好的反馈时，这类行为输出是会被主动终止的。之后，老大渐渐进入到一种状态，那就是——怎么做都不对，干脆就什么都不做。

　　我的一位朋友曾经讲述过这样一个案例：

　　　　小时候，家里的兄弟姐妹很多，我是这一辈孩子中的老大，下面有很多的堂弟堂妹。有一年过年，我正和弟弟妹妹们一起在外面玩儿，我妈见到后就把我拉一边跟我说："你要知道，你是老大，怎么可以和弟弟妹妹们一起疯跑呢！回房间里待着去！"

　　　　当时听我妈这么说，我觉得我确实应该有个老大的样子，所以我就回到房间里搬了个小板凳，一个人坐在电视机前看电视。没过一会儿，叔叔们都到我家里来了，看到我没在外面玩儿，就对我说："老大，你出去和弟弟妹妹们玩儿啊，你看大家都在外面玩儿呢，你自己坐在那儿多不合群啊！"当时我在想，是我妈让我回来的，叔叔们在这问我不去玩儿的原因，我妈肯定会过来帮我打打圆场。谁知我妈来了一句："他就那样，天天就跟个闷葫芦似的往那儿一坐！"

我当时心都凉透了，是你让我在房间里待着的，最后又说我是个"闷葫芦"。童年的记忆里这样的事情很多，渐渐地我就不再揣测我妈的想法了，因为感觉怎么做都不对。

老大的"憨"是指没有被父母选择的老大通常会呈现出一种闷闷的、不爱说话的状态。这是因为他们心里很清楚父母的选择，不愿就很多事情的表象展开争论和辩驳，长此以往便有了"憨"的外在评价。

这种"憨"有时也体现为一种外在的不在乎，假如是没有被父母选择的老大，你在家里做一些家务，父母会说你没有弟弟做得细致；你和弟弟考了一样的分数，父母会说你作为老大就应该在学习上是弟弟的表率；你在家里打碎了碗碟，父母会说你当哥哥的做事情怎么还毛毛躁躁的……

长此以往，由于老大在父母面前总也得不到积极的反馈，为了自我保护，就会渐渐地伪装成一种不在乎他人评价的状态了。如果这种情绪扩散开来，就会延伸为他在面对其他事物时大多也是一种"无所谓"的外在体现形式了，就变成了不积极和懈怠的行为属性，但其实这是与父母不良互动方式下的结果。

老大虽然也能捕获到父母的情绪信息和属性信息，但由于不是父母意识层面的选择，所以会陷入一种"怎么做都不对"的境地。有些家长在了解了一些关于二胎的理论和思维方式后，还是会提出这样的问题："为什么老大不说出来呢？为什么他不把自己的感受表达出来呢？"

我想，这个问题可以通过以下这个案例让大家感受到一些原因。

当你已经了解到"裁判"的规则和"裁判"眼中的世界

讲述者：徐然妈妈

一天傍晚，我正在厨房准备晚餐，突然听到老二（徐坦）的哭声，我走进客厅看到老二正坐在地上哭。我快步上前，把他扶起来问怎么回事，老二指着老大（徐然）边哭边说："哥哥打我！"我一听，火一下子就冒了上来，想也没想就冲着老大说："徐然，你怎么能打弟弟呢？你比他大五岁呢，哪有你这么当哥哥的？"

我把老大批评了一顿，但是他一点认错的态度都没有，一副面无表情的样子，还冷冷地盯着徐坦。他总是这样，无论你说他什么，他都不愿意对你的表达做出反馈！在这点上老二就非常不一样，人家每次犯了错，认错态度都特别诚恳，

也特别积极。不像老大，犯了错比没犯错还硬气，拒不认错不说，你批评他一次，他能好几天不跟你说一句话！

老二小小年纪就很懂事。他还没上学的时候，每次听到哥哥放学回来，就跑到门口去迎接；到超市总是惦记着给哥哥买喜欢的东西；有好吃的的时候，总是会主动让着老大："哥哥，你先吃。"想到这些，我都觉得心里很温暖，但老大却总是不领情，丝毫不为所动。

从徐然妈妈的表达来看，很明显她在意识层面是选择了老二的。以她的视角来看老二是很乖巧、很懂事的，但在客观条件下的事实是这样的吗？

在不同视角下看到的世界有三重：我看到的世界、你看到的世界和我认为你看到的世界。刚才是徐然妈妈看到的世界，接下来我们进入徐然的第一视角，看看他看到的世界是什么样子的？

讲述者：徐然

那天傍晚，我和徐坦在客厅边看电视边等着吃晚饭。当时看的是有关国际救援的电影，电影里的狙击手很厉害也很酷，徐坦看得很激动，就开始各种模仿，一会儿站起来"准备狙击"，一会儿又坐下"观察埋伏"，还会时不时地跳起来耍帅……我们是分别坐在两把椅子上的，他在一次跳起之后坐歪了，被椅子绊了一下重重地摔在了地上，然后他就开始哭。这时妈妈进来问是怎么回事，徐坦居然说是我打他了！像往常一样，妈妈问都不问就开始批评我，但当时我并不想解释什么。因为这已经不是第一次了，只要徐坦想要的我没给他或者他不高兴了，都是这样告状的。这次他为什么这么说我也很清楚，就是因为他认为是我没有保护好他，所以他才摔倒的。妈妈每次都会相信徐坦找的理由，最开始我还试图解释，后来发现根本没有用。

　　徐坦在妈妈眼里特别懂事，妈妈特别喜欢他。但我知道很多事情他都是做给妈妈看的，例如：吃东西的时候，要是妈妈在，他就会先给我；要是妈妈不在，他就会把他爱吃的都拿走。在其他事情上，徐坦也是摸准了妈妈的脉搏，妈妈喜欢什么样他就表现成什么样……呵呵，那演技都可以拍电影了！妈妈高兴，他就更加肆无忌惮了！有时他会明目张胆地当着我的面拿我的东西，因为他知道即便我告状也没有用，妈妈会以他年纪小为由而原谅他，又或者根本就不会相信我说的话！

　　这是同一个故事的第二个版本，两个故事版本代表了两个世界。当一个孩子完全了解父母的评判规则以及父母眼中的世界时，他已经无力再为自己辩驳了，只能默默收下"憨"的属性，而这种属性正是父母的思维视角以及与之互动后的结果。

可能有家长会问怎么判定老大眼中的世界就是客观的呢？有没有可能客观的世界是在孩子妈妈的眼中呢？

> 从妈妈的视角来看，当她听到老二说"哥哥打我"时有没有对老二的表达进行验证呢？此外，她对老大的评价"你批评他一次，他能好几天不跟你说一句话"，这是为什么呢？我们对老大的这种行为进行情绪还原，他为什么好几天不跟妈妈说一句话呢？
>
> 1.犯了错不想承认，所以一句话都不说。
> 2.内心委屈，所以一句话都不说。

我们可以通过老大的表述以及他所呈现的状态来感受到底是哪一种。但无论选项是不是 2，由于做妈妈的没有对获得的信息进行解读与还原，妈妈的认识已经是不客观的了。

我们再来对老大的情绪进行还原：在受到妈妈批评后，他默不作声地"盯着徐坦"，与他所描述的"徐坦是自己摔倒的"现象是匹配的。这种匹配是情绪层面的匹配，需要用感知去体会"事件的发生"引发了人物在该事件中所产生的对等情绪。而如果是徐然动手打了徐坦，这个情绪便是不匹配的。

通过对两个版本的对比，我们能够发现徐然表述的画面还是相对客观的。那么，就这个事件而言，或者就老大"憨"的属性而言，但凡父母可以对某些信息进行验证，变得客观起来，老大的性格都将随时被改写。

换句话讲，在过去几年里众多的类似事件当中，如果妈妈从意识层面选择的是老大，并且每次都用原来对待老大的情绪来对待老二，那么现在我们看到的，将是一个"精明"的老大和一个"憨憨"的老二。

各位二胎家庭的爸爸妈妈们，能不能从这个案例中体会到一个孩子的"人物属性"是如何形成的呢？

Part 2
为什么俗话说老二"精"

我们跟孩子的每一次互动都要以解读对方的情绪信息为前提，否则我们便不知道孩子在"表达"什么，也不知道接下来我们应该以怎样的方式跟孩子互动。让很多家长更意想不到的是，父母跟孩子的互动方式还会决定孩子的内在属性。

No.1
老二的"精明"是如何被培养出来的

在父母对老二的描述中很容易找到一些积极的词汇，因为他是父母在意识层面更喜欢的那个孩子。

正因为如此，即便老大和老二拥有一模一样的外在行为，父母跟老二的互动方式也是不同于老大的。什么样的互动方式就会造就什么样的内在属性，由于之前我们不是从情绪互动的角度来看孩子行为的产生，所以我们不明白"一奶同胞"的两个孩子为什么会具备不同的内在属性，更不清楚每一种具体的内在属性是如何造就的。

首先，我们站在老大的角度来看，老二的"告状"属性是如何造就的？"告状"行为是很多老大会认为老二存在的一种内在属性。

A．"告状"属性的养成

假如家里的弟弟跟你说："老爸，我在哥哥床上发现了一张糖纸，他好像偷偷地吃糖了！"这时候作为老爸的你有没有解读过孩子的真实意图？还原过他的真实情绪？

他是为了跟你互动？开玩笑？还是真的要"告状"？其实就孩子的天性而言，他往往在和父母第一次互动这类问题时，会是一种搭讪或好玩的情绪。大致感觉为："老爸，你知道吗？我居然在哥哥床上发现一张糖纸，他好像偷偷吃糖了！"这种表达充满了新鲜、有趣和发现"新大陆"的好奇。

由于我们大多数父母没有展开过"解读孩子真实情绪信息"的自我训练，所以往往是以文字表面来评判孩子想要表达的意思。当父母把孩子的行为解读成"告状"时，那么接下来的回答就会

把弟弟代入到"告状"情绪里。也就是说，父母对孩子情绪的解读直接决定了孩子会进入哪种情绪。

例如，老爸的回答是："我都说过多少次不能吃糖了，他还偷吃！你去检查一下其他地方还有没有？"

弟弟好像认领了一款寻宝游戏，愉快地答应了。之后又跑回到哥哥房间继续搜罗……薯片、口香糖、瓜子等好几包零食都被弟弟找了出来！老爸："好样的！以后监督你哥的任务就交给你了！任务完成得好，爸爸给你买新玩具！"弟弟在一种和老爸互动的美好情绪里获得了成就感和价值感，所以在未来的日子里就会延续这种行为。而老大呢，即将遭到老爸的一顿痛批，内心就会怨恨自己的弟弟，兄弟之间的关系遭到了破坏。在这样一种状态下，老大会评价老二为"爱告状"！

到目前为止，老二在父母面前"爱告状"这个属性的产生过程便已经清晰了：

首先，父母把老二的一种互动行为解读成了"告状"；其次，父母在这种"告状"情绪下，和老二的互动让他产生了美好感受，老二对这种美好感受的认领被老大评价为"爱告状"。

细心的父母恐怕已经发现了，老二的这种属性是被引导出来的，或者说是由家长的互动方式来决定的。

B．"善解人意"属性的养成

> 姐姐不爱写作业，放学回到家一会儿喝水，一会儿吃东西，一会儿上厕所，半小时也没写几个字……妈妈见状非常生气，正在学习桌前批评姐姐。这时，三岁的妹妹马上跑过来安慰妈妈说："妈妈，你别生气，等我长大了，我一回家就写作业！"

> 妹妹这么表达的真实意图是什么呢？我们来还原一下她的真实情绪信息：
>
> 1. 看到妈妈生气，想通过这样的表达来宽慰妈妈。
>
> 2. 善解人意，通过这样的表达以及相应的做法来讨妈妈欢心。

孩子在第一次表达类似这样的信息时，由于她没有"认领"过其他属性，所以只是单纯地宽慰妈妈而已，但现在的二胎家庭父母是不是能解读到这一点呢？你又会怎样解读孩子的行为呢？

> 妈妈："看你妹妹多懂事，让父母省心。你看你，还当老大呢，比妹妹差远了！"听到妈妈这么表达，立刻激起了妹妹的"表现欲"，她从姐姐的书桌上拿了一个田字格本，开始在每个格子中间勾勾画画。其实妹妹根本就不会写字，

只是在每一个田字格中间涂来涂去……最终把一页田字格都涂满了，然后满脸骄傲地把本递给妈妈："妈妈，这是我的作业！"自从妹妹认领了"懂事"和"让父母省心"的属性后，但凡姐姐不喜欢的、不想做的，妹妹都会表现出很喜欢的样子，非常积极地去做、去尝试。虽然她是无意识地满足父母，但这种行为不但伤害了姐姐，也让她失去了自我。

我们来还原一下妹妹"属性认领"的整个过程。首先，母亲把妹妹临时的一种宽慰行为解读成了"善解人意"；其次，妹妹在"善解人意"的美好感觉下认领了该属性。所以就有了之后的行为产生——以"善解人意"的角度去满足父母的各种内在需求。

C．"能言善道"属性的养成

妈妈穿了一件漂亮的裙子站在镜子面前，被妹妹看到了。妹妹兴奋地说："哇！妈妈，你的裙子可真漂亮！"

妹妹说这句话的意图是什么呢？我们来解读和还原一下她的真实情绪信息：

1. 一种由内而外的称赞，感觉裙子好漂亮。

2. 一种会说话，能言善道的体现。

122

还是之前的理论，孩子在第一次表达这些信息时，由于没有其他属性的"领取"，所以孩子是一种很正常的称赞。

> 但妈妈面对孩子的称赞却是这么回答的："我女儿可真会说话！"
>
> 这时，妹妹从情绪层面获得的美好感受，让她"认领"了"真会说话"的属性。在接下来的日子里，妹妹与他人互动的方式便有了重大改变。如果有人来家里做客，她会说："叔叔阿姨，最近忙不忙，有时间就到我家里来玩啊！"
>
> 客人走的时候，妹妹还会说："叔叔阿姨，慢走，欢迎再来我家做客！"这种"真会说话"已经变成了她的个人属性，并且会随时随地找契机去散发。

我们来还原一下妹妹整个属性认领的过程。首先，母亲把妹妹"由内而外的一种称赞"解读成了"真会说话"；其次，妹妹在"真会说话"的美好感受下认领了该属性，所以就有了之后的行为产生——以"真会说话"的个人属性与周围环境中的对象来进行互动。

我想通过以上三个案例，大家已经能够非常清晰地体会到，老二的一些内在属性是如何在与父母的互动中被造就出来的。这种造就的过程满足了两个基本点：第一，父母意识层面对老二的认同，使得父母在面对老二时，时常传递的都是认同情绪；第二，老二对属性的认领源自父母对情绪信息的"误读"。孩子对"善解人意"和对"能言善道"属性的认领都来自父母对当前孩子情绪信息的误读，由于这种属性的产生不来自真实的环境反馈，所以孩子认领了一种不客观的属性。

这种属性满足的是父母与老二之间的小情绪，也正是因为如此，大家虽然不明白这里面的核心原因，但是给出的却是类似于"老二比较精明"或者"能言善道"的这类格局比较小的评价。

以"能言善道"为例，孩子的这种表达："叔叔阿姨，最近忙不忙，有时间就到我家里来玩啊！"是以自己的美好感受为核心的，而不是以感受环境的反馈为核心，所以这种表达很可能会被解读为显摆和体现自己会说话的一种行为输出方式。从这点来看，我们也能反观到什么是最好的"内在属性"——以环境的变化而变化，基于环境反馈的"内在属性"是优质的个人属性。

我们再来简单地诠释一下为什么老大不容易在父母面前认领这种被"误读"的属性，因为老大不容易满足两个基本点中的第一点——父母意识层面的认同。所以即便老大和老二有相同的行为输出，也不会获取父母相同的情绪反馈，这就是二胎家庭中老大和老二的属性特征截然不同的核心原因。

No.2
改写老二的属性特征

站在以往的教育认知下，一个人的内在属性一旦养成便很难被改写，但站在意识教育体系下，我们只要在情绪里改变孩子对某种属性的链接即可实现。下面以 A、B、C 三种常见场景为例，诠释老二属性特征的改写。

案例 A：

弟弟："老爸，我在哥哥床上发现了一张糖纸，他好像偷偷吃糖了！"

第一步，解读情绪。弟弟表述这件事情是一种和老爸搭讪、开玩笑的情绪；第二步，老爸需要用同类情绪来回复。

老爸："啊？在自己家吃东西还要用'偷'这个字，那到底你是小耗子，还是你哥是小耗子啊？"说完抱起弟弟在怀里一顿"亲昵"，让他感受到，他在跟老爸以玩笑的情绪进行互动，老爸也是以类似情绪来回馈的。这种互动符合弟弟当下的客观情绪需求。

125

如此回应，就不会为弟弟链接一个"爱告状"的属性，只是个玩笑而已，说完就过去了。

案例B：

> 妹妹："妈妈，你别生气，等我长大了，我一回家就写作业！"

第一步，解读情绪。妹妹看到生气的妈妈在批评姐姐，就赶快过来宽慰妈妈，希望妈妈不要再生气了；第二步，妈妈需要用同类情绪来回复。

> 妈妈这时应该对着两个孩子说："不好意思，我刚意识到自己刚才在情绪里，我应该调整好情绪的，下次注意。"

妹妹的反应本身就是看到妈妈发火了，想帮助妈妈缓解情绪，现在妈妈意识到了，就是对妹妹一种非常良好的反馈。这种互动方式不会让妹妹养成丧失自己、"善解人意"的属性，更不会形成对姐姐的打压。这种互动符合妹妹当下的客观情绪需求。

案例C：

> 妹妹："哇！妈妈，你的裙子可真漂亮！"

第一步，解读情绪。妹妹看到妈妈穿的裙子很漂亮，是一种由内而外的称赞；第二步，妈妈需要用同类情绪来回复。

> 妈妈："漂亮吧！这可是我精挑细选的款式哦，你眼光不错，有审美！"

这时如果妹妹认领了妈妈传递出的情绪信息，那么她便会去关注审美和提升审美，这是接近素质和涵养的体现，也向广义的优秀迈进一步。

改变孩子的行为属性只需要为不同的行为关联不同的情绪信息即可，但由于我们很多家长还没有意识到这一点，所以老大和老二的属性形成以及改写还处在一个概念阶段。

Part 3
父母做的那些"掩耳盗铃"的事情

如果二胎家庭的父母把仅有的一个苹果分给老大是为了向老大证明：你看，我对你的爱确实没有因为老二的出生而改变吧！这时，老大捕获到真实情绪信息是：你对我的爱确实因为老二的出生而改变了，否则也不需要证明。

No.1
自我真实情绪的验证方法

孩子具备解读情绪信息的天赋，尤其对于二胎家庭中没有被父母选择的那个孩子来讲，捕获父母情绪信息的能力是极其强大的。由于父母缺少对自我真实情绪的验证，所以很容易做一些在孩子看来"掩耳盗铃"的事情。

在之前的内容中，大家能够感受到如果不对孩子的情绪信息进行解读，我们便不知道孩子的真实意图；作为孩子的父母，如果我们不对自我的真实情绪进行解读，便不知道向孩子传递了什么样的信息。

用 Before 式的思维方式（Before 式的思维方式探究的是行为为什么会产生）来验证自己为什么会这么想以及为什么会这么做。这个"为什么"便是自己真正行为上的"出发点"。父母具备什么样的"出发点"，孩子就会捕获什么样的信息。

◇◆故事一◇◆

假如有一天你正在惩罚弟弟："让你欺负哥哥，不给你苹果吃！"那么你这么做的出发点是什么呢？或者说你为什么会这么做呢？

1. 弟弟做得不对，要惩罚弟弟。

2. 做给哥哥看，为了证明自己是一个公平的母亲。

如果你验证出自我行为的出发点是 2，那么这样的行为大可不必输出，即便是输出，在哥哥捕获到是 2 那样的信息后也不会领情的。

◇◆故事二◇◆

我们再来深入一下，假如有一天你在众多苹果当中挑

选了一个相对较大的苹果准备给哥哥，那么你首先应该用Before 式的思维方式问一下自己为什么要这么做？

1. 喜欢哥哥，所以要给他一个大苹果。

2. 察觉到自己之前做了很多偏袒弟弟的行为，由于内心愧疚才要给哥哥一个大苹果。

如果你验证出的结果是①，那么哥哥拿到这个苹果时会很开心；如果你验证出自己"给哥哥苹果"的出发点是②，那么这个苹果在递给哥哥的一瞬间，他将获得的是一种补偿情绪。

◇◆**故事三**◇◆

哥哥和弟弟正在争一个苹果，你看到后便转身离开，并没有发表任何见解，也就是没介入他们两个人之间的"苹果之战"，那么你为什么要这么做呢？

1. 不想参与两个孩子之间的互动。

2. 希望哥哥能赢，并且预判结果也将是如此。

3. 希望弟弟能赢，并且预判结果也将是如此。

"不管"并不代表没有传递情绪信息。就好比我们小时候跟自己的母亲说："妈，我想出去玩儿会儿。"虽然母亲没做任何表态，但我们是可以通过情绪判定她是不是允许我们出门的。我们一定要相信我们的孩子也是具备这种能力的，并且这方面的能力还很强。所以我们不对自我的真实情绪进行验证，便不清楚这一个"不管"向孩子传递了怎样的信息。

如果我们传递给孩子的情绪信息是①，那么由于没有观众的介入，他们就会自己想办法解决这个问题了；如果我们传递给孩子的情绪信息是②或者③，那么能够获胜的那一方得到的信息就是"继续"。（苹果只是两个孩子争夺事物的代名词）

◇◆故事四◇◆

即便是近乎相同的表达，也不代表就是相同的情绪。例如，你的两个孩子都挑食，作为母亲的你在描述老二时，是这么表达的："我们家儿子有一个毛病，人家不喜欢吃的东西一口也不吃，实在没得吃了就自己去做，这孩子真是不嫌麻烦！"

转而描述老大时，则是另外一种表达："这老大不知什么时候添了一个挑食的毛病，家里做的饭还动不动就不爱吃了，不吃就不吃吧，还非要重新做，真是不嫌麻烦！"

从表象来看，做母亲的好像都是在抱怨孩子挑食的行为，但仔细体会不难发现，在描述老二时的情绪其实是一种炫耀，而在描述老大时的情绪才是真正的抱怨。那么两个孩子在听到母亲这方面的表述时，捕获情绪信息和母亲传递的是一致的。

父母在面对孩子进行行为输出前，如果能对自我情绪进行验

证，那么就能够了解孩子捕获到了怎样的情绪信息以及孩子为什么会产生接下来的行为。

No.2
父母做的那些"掩耳盗铃"的事情

人与人互动的核心不是表象上的道理，而是内在真实的情绪。父母通过思维来掩饰自己真实的内在，最终可能会成功地瞒过自己，但对于感知力极强的孩子而言，父母的这种行为无异于"掩耳盗铃"。

我用多于弟弟几倍的时间来陪哥哥

讲述者：龙莉

我还没有生老二的时候，身边的朋友就对我说："你一定不能对老大不好哦！"我生下老二后，就对自己说："我一定要加倍地对老大好！"

在弟弟出生之前，哥哥的补习班、兴趣班基本上都是姥姥陪着去上，但弟弟出生后，我基本就把弟弟抛给了姥姥，自己每天接送哥哥上学、放学，陪他去上各种补习班、兴趣班。晚上回到家还要亲自辅导他写作业，督促他准备第二天上学的用品等等，我一直认为我这个妈做得太好了，完全实现了当时生老二时对自己的承诺！

在这种状态下过了三年。有一天姥姥身体不舒服，她带不了弟弟了，我就带着老二去陪哥哥上英语课。哥哥在教室上课期间，我和弟弟在外面的休息区一起看动画片、看漫画书，一起讨论看到的剧情，一起笑得合不拢嘴……这种欢乐让我们忘记了时间，不知道哥哥什么时候下课了，也不知道哥哥什么时候站在了我们身边。当我转过头看到哥哥的时候，发现他的神情落寞极了，当时我心想："你不会因为我陪了弟弟这么一会儿就吃醋了吧！"

晚上回到家，哥哥没怎么吃东西就回房间了，我能感觉到他一定是被我和弟弟在一起的画面刺激到了，我连忙到他的房间跟他解释，可是他只回应了我一句话："妈妈陪着我的感觉，像极了爸爸陪妈妈逛街时的样子。"

我当时一下子破防了，眼泪忍不住地涌了出来。孩子爸爸陪我逛街的感觉就是在走形式，一边刷着手机，一边陪我走进各大商场……那晚我深刻地思考了一下，在弟弟出生后，我为什么花了大量的时间陪哥哥？

1. 真心在乎哥哥，下意识花了大量时间陪他。

2. 为了证明给自己和身边的人看：我没有因为弟弟的出生而忽略哥哥。

答案很容易找到，我想用时间证明给自己看，我没有因为弟弟的出生而不爱哥哥。为了这种证明，我像是把自己和哥哥一起绑在了工厂的流水线上，早上应该进入到哪个步骤，中午应该进入到哪个流程，晚上应该进入到什么环节都是被设定好的，事情在继续，情绪却不在一起。想到这里，我很难过，不仅为哥哥，也为我自己。

作为女人，我也经常会向孩子的爸爸抱怨，抱怨他那种敷衍和心不在焉的陪伴，不是接电话就是玩手机，而我也在不知不觉中成为了这样的人。

情绪互动不是两个人处于同一空间下就能具备，那是一种内在的沟通和感觉的交互。假如你到了工作单位，每个人都漫不经心地跟你讲话，你会是一种怎样的内在感受？为了证明我不是不爱你的陪伴又有多少美好的互动在里面呢？要时常验证自己的真实情绪，否则我们的行为输出不但解决不了问题，可能还会使问题加剧。

此地无银三百两

2019 年 8 月，一位二胎妈妈刚到我的工作室，就委屈地一直掉眼泪。她说老大现在上二年级，从妹妹出生到现在的十个月，哥哥一直在欺负妹妹。

"有时我上个卫生间，还没两分钟就听到妹妹在哭。等我从卫生间冲出来，就看到哥哥迅速跑开了，再看妹妹的胳膊上留下了被哥哥掐的指甲印。"

"我知道自打妹妹出生以后，哥哥肯定是认为妹妹夺走了原本属于他的关爱。为了让哥哥感受到妹妹的到来并没有让他失掉我们的爱，上个月我把还没有断奶的妹妹交给了保姆，然后单独带着哥哥出去玩了二十天，但是……"

讲到这里，这位妈妈悲伤地无法再继续自己的表达，她调整了好久，然后流着眼泪说："我们出去玩了二十天后，哥哥对妹妹的欺负更加变本加厉了。这次回来，他总是背着我扇妹妹巴掌……"说到这里，这位心力交瘁的妈妈已经泣不成声了。

> 这位妈妈显然没有意识到自己的做法传递了怎样的情绪信息给哥哥，我们一起用 Before 式的思维方式来验证一下妈妈为什么要单独带着哥哥出去玩：
> 1. 因为喜欢哥哥，所以单独带哥哥出去玩。
> 2. 为了向哥哥证明,有了妹妹之后,妈妈并没有不爱他。

这位妈妈做这件事情的出发点到底是哪一种呢？我们从她的一句表达中可以找到一些"线索"，那句话是"为了让哥哥感受到，妹妹的到来并没有让他失掉我们的爱"。

这句话还可以转换为更加直接一点的感受，那就是带哥哥出去玩儿是为了向他证明"你看，妹妹出生了，妈妈对待你的方式和之前没有什么不同吧！"

大家体会到这是一种想要证明的情绪了吧，那"证明"会给人一种什么样的感觉呢？

假如一个人总是在你面前证明他很有钱，你在想什么？恐怕在想："这个人也不是很有钱。"

假如一个人总是在你面前证明他很有能力，你又在想什么？恐怕在想："这个人也不是很有能力。"

所以在一个人极力向另外一个人证明什么的时候，对方捕获到的情绪信息恰恰是和表象信息相反的。

以上的那位二胎妈妈想极力地向哥哥证明"妈妈并没有因为妹妹的出生而不爱你"，但由于这位妈妈一直在不断地强调这一点，所以哥哥捕获到的真实情绪信息反而是：由于妹妹的出生，妈妈确实不那么爱我了，否则也不需要证明。这就是妈妈带哥哥单独出去旅游了二十天，哥哥回来后更加讨厌妹妹、欺负妹妹的原因。

从"吼"到"不吼"又到"吼"

讲述者：糖糖和果果的妈妈

我有两个女儿，姐姐叫糖糖，妹妹叫果果。身边的朋友和亲戚总是说我太偏心老二了，站在这个视角下，我也开始审视自己：

早上喊妹妹起床的时候，我是轻声细语、温柔又体贴的状态，喊姐姐起床的时候付诸的就是焦躁、没有耐心的情绪。姐姐和妹妹同样是把脏衣服丢进洗衣机，面对姐姐时我的想法是，为什么连个启动键都不知道按？面对妹妹时我的想法是，妹妹都知道把脏衣服丢进洗衣机了！妹妹弄坏了姐姐的东西，我想的是她还小，她懂什么？姐姐弄坏了妹妹的东西，我想的是都这么大了，做事情也没个分寸，还能弄坏妹妹的东西……

我总是动不动就会吼姐姐，怪她笨手笨脚，很多小事都做不好，还得我在后面帮她收拾"烂摊子"；怪她不懂事，不知道让着妹妹，制造了数不胜数的矛盾；怪她不贴心，都这么大了，也不知道为我分忧，不知道让我少操点心……

以往我总是会陷入一种情绪，那就是姐姐怎么做都不对，妹妹随便做些什么，我都觉得这孩子好懂事，以至于后来姐姐冲着我喊："妈妈只喜欢妹妹，不喜欢我！"

诸如此类的事情让我觉得自己特别"失职"，经过反思后我决定不能再这么偏心下去了，一定得对姐姐好一点！之后的日子里，我对自己的行为进行了调整和改变。

早晨叫她们起床，我的语气变了，很正常地叫妹妹起床，但是对待姐姐却很温柔、很体贴、很有耐心。起初，姐姐的表情非常惊讶，感觉眼前的妈妈好像换了一个人，从她的眼神当中我能感受到她心里在想："我妈怎么变了？"

同样是做错了事情，面对妹妹我会直接批评，但面对姐姐，我就会轻描淡写地一笔带过。

同样是回到家就开始写作业，我就会夸姐姐："最近学习态度不错，开始有上进心了"。

以前她的东西从来都不让妹妹碰，也不让妹妹看，只要妹妹碰了，那肯定要大打出手。以往我都会站出来说："让妹妹看一眼怎么了？她又不会给你弄坏。"现在我会说妹妹："别这么不懂事，那是姐姐的东西！"

以前不管是谁想要买什么东西，只要不在计划里就是两个字"不买"！而现在姐姐突然在逛街的时候说想买条裙子，我就会说："姐姐长成大姑娘了，也不能总是穿裤子，裙子挺好，换个风格。"

有一个周末，姐姐提议说去欢乐谷玩儿，我说："好的，老妈带你去，就不带妹妹了！"姐姐听到我的表达非常意外："为什么不带妹妹？"我说："上次带妹妹去上海玩，不是也没带你嘛，这次你俩扯平了！"我本以为姐姐会很开心地跟我一同前往，谁知她却说："要不还是都在家里吧，我其实也没那么想去欢乐谷。"说完姐姐就回房间里去了。

没过几分钟，我收到大女儿的一条微信，内容是："妈，你最近为什么要对我这么客气，这让我感觉自己好像不是你亲生的！"

姐姐的这句话，让我脑子里突然出现了一个很有趣的画面：家里有两个孩子，老二是妈妈亲生的，所以犯了错误就直接批评，而老大由于不是亲生的，所以犯了错误时，当妈的就会立刻收起负面情绪，露出笑容，像对待客人一般温柔地说："没事儿，没事儿。"

我回想了一下，最近由于很想补偿姐姐，我的行为输出还真的是很"客套"的！天哪，太可笑了，姐姐是"人间清醒"，而我却是"人间糊涂"啊！

经过这段时间的折磨，我也不想再演了，从早上叫她们姐妹俩起床开始，我又恢复到了原样。当我大声喊着姐姐快点起床时，她小声嘀咕了一句："这真是亲妈啊，怎么这么快就'回来'了！"

我终于明白，刚开始吼姐姐是我意识里选择了妹妹，更喜欢妹妹，所以才会事事看不惯姐姐。后来意识到了这个问题，我开始调整自己，克制自己的情绪，不吼她，但是这种节奏没办法把控得很精准，就像你很喜欢吃某种食物和装作很喜欢吃的感觉肯定是不一样的。

姐姐也能捕获到这一点，所以把我的"假装喜欢"表达成了"她感觉自己不是亲生的"！

很多二胎家庭的父母都有这种感觉，已经发现自己选择了一

个更喜欢的孩子，又感觉这么做很不对、很不好，但是兜兜转转了好几圈都无法掩盖这样一个真实的选择，反而还让站在场外的孩子看了一场又一场的笑话，因为真正的做法不是掩盖自己的选择，而是把老大、老二当作一个整体，让自己没得选。（详细内容见第五章Part3。）

第五章

处理二胎问题的
基本原则与方法

处理二胎问题的基本原则叫血浓于水（不选择、不判断）；处理二胎问题的基本方法是把两个孩子往一个"战壕"里推。通过同一问题的 7 种处理方式让二胎家庭的父母体会到，解决二胎问题的核心在于关注每个人的内在感受，而不是表象层面上"对与错"的道理。

Part 1
尊重孩子之间特有的相处方式

你见过整日吵吵闹闹的夫妻吗？你是会劝男人少跟自己的女人"斗嘴"，还是会劝女人少跟自己的男人"吵架"？

可能这时你会说，那是人家夫妻二人的一种互动方式，生活"吵吵闹闹"的才有意思，"吵吵闹闹"的才有激情！互动理念放在夫妻关系上我们能看得清清楚楚，放在二胎关系上，我们每天看着两个孩子吵吵闹闹，怎么就想要介入和干预了呢？

有没有想过两个孩子呈现在我们面前的是他们特有的一种互动方式呢？就像家里养的两只可爱的小猫咪，天天追逐打闹，甚至生气打架，这其实是它们之间的互动方式。孩子也是如此，我们做父母的不要用自我视角去评判和干预孩子的世界。

No.1
孩子有他们特别的相处方式

姐姐的滑板车

讲述者：果果和糖糖的妈妈

  周末，我们带姐妹俩到公园里玩儿，姐姐骑着滑板车在前面跑，妹妹一直紧紧地在后面追，跑累了就原地歇一会儿接着再继续追。我从目睹这一幕的路人眼神中能够读到一句

潜台词："这当姐姐的，也不知道让着妹妹。"

在大家异样的眼神和内心潜台词影响下，我也有些忍不住了："果果，你从车上下来，让妹妹骑一会儿吧，你都骑很长时间了，一直让妹妹追着多不合适啊！"还没等姐姐答复，妹妹就冲到我面前摆着双手说："妈妈，不用，我不骑，我就想在后面追着姐姐！"

妹妹这么回答，最开始让我认为她是特别懂事，特别知道体贴姐姐，想让姐姐多骑一会儿。但在之后的画面中，我感受了一下，姐姐在前面骑，妹妹开心地在后面追，还时不时地跑到与姐姐平行的位置和姐姐眼神互动一下，我惊奇地发现，她真的是享受于追在姐姐后面的"玩法"！体会到这点之后，我嫌弃自己多管闲事，差点就破坏了姐妹俩之间的互动。

我小时候其实也有这样类似的经历，那时候孩子们学骑自行车都会在放学后到学校的操场去练习，因为操场是个比较封闭又安全的环境。那时候看到大哥哥大姐姐们在操场上骑车，我们也会很开心地在后面追，有时候某个大哥哥还会问我们低年级的这些小朋友："你们也想试试吗？"我们笑着摇头，接着就又开始追车了……

剥橘子的姐姐

讲述者：陈敏

我小时候特别不喜欢吃橘子，而我妹尤其喜欢吃。我喜欢在她吃橘子的时候一个个地剥给她，在父母没有干预之前，我特别享受于给她剥完橘子，再把橘子一瓣一瓣地递给她的过程。

直到有一天，我妈批评了妹妹："有你这么欺负姐姐、使唤姐姐的吗？自己吃个橘子还要让你姐给剥，你怎么不让你姐给你喂嘴里呢？"不知道为什么，因为我妈的表达，我居然觉得之前的行为让我感觉自己特别委屈。其实我自己的本意是享受于帮妹妹剥橘子的，但由于我妈的解读，让我自己都认为妹妹是在欺负我。从那天起，我不但不再给妹妹剥橘子，而且提起橘子就讨厌。

直到我后来结婚生子，为我儿子剥橘子的时候，我才重新体会到当年的我是享受于为妹妹剥橘子的，就像享受于为我儿子做这件事情是一样的。

你有没有这种感觉，在人生的某个时期，如果你喜欢一个人，体现方式可能是欺负他，也可能是无视他，还可能是打击他等等。这种经历告诉我们，两个人之间的美好互动不取决于表现形式。

146

但对于第三方来讲，如果是通过表象来评价两个人之间的关系往往是不客观的。

两个孩子之间的关系也是如此，如果父母站在自我视角下是很难体会孩子的互动情绪的，互动情绪是当事人在互动过程中彼此之间产生的真实情绪。

孩子每天你追我打，从父母视角来看是一方在欺负另一方，而其实这只是他们之间的一种玩法而已，我们小的时候父母称这种互动方式为"一见面就掐，一分开就想"。

无论是以自我视角来看问题，还是单独看二胎中任何一方的表象行为，都没办法做到客观评判。例如在"姐姐的滑板车"案例中，单独看姐姐的行为就感觉很自私，单独看妹妹的行为就感觉很可怜，但体会一下两者的互动过程，客观来讲其实是很美好的感觉。

再例如在"剥橘子的姐姐"案例中，如果单独看妹妹的行为就会认为妹妹很自私，怎么可以自己吃橘子时不但让姐姐剥皮，还要求姐姐喂呢？如果单独看姐姐的行为就会认为姐姐被欺负了，甚至是姐姐很委屈，这都是非常影响两个孩子关系的看问题视角。但如果我们体会一下就会发现，两个孩子之间的互动是很美好的。

所以，我们要站在互动情绪的角度去体会老大与老二之间的关系。不仅是两个孩子之间的关系不能"割裂"开去体会，任何人与人之间的关系都是如此。父母看待孩子、孩子看待父母，我

们看待恋人、伙伴，还有合作关系都是如此，关系学的特征是互动行为下产生的情绪，而不是某个人单方面的视角。

假如以上视角作为父母的你是能够体会的，那么以下视角你肯定也会有所感受。

No.2
你认为的老大欺负老二

假如你听到老大对老二说："你就坐在地上，永远别起来！"这时，你在想什么？会不会认为老大在欺负老二？

讲述者：润哲

有一次，我带弟弟下楼买文具，但他看上一个玩具后就直接坐在地上不走了，一定要我买给他！我试图拉了他几次，他都挣脱我的手重新坐到了地上，我实在没办法就冲着他大喊："你就坐在地上，永远别起来！"这句话正好被下班回来的妈妈听到了，她直接跳下自行车，很生气地对我说："有你这么对待弟弟的吗？"然后便抱起弟弟载着他骑车离开了，只留下我一个人尴尬地站在原地。

　　不管是老大天生的觉悟，还是后天责任感的建立，看到弟弟妹妹有做的不对的地方，他都会履行自己老大的职责来对弟弟妹妹进行教育，但很多父母由于看问题的视角以及意识层面的选择，会对这一行为进行"误读"。

一双脏袜子

讲述者：禹哲和禹浩的妈妈

　　弟弟把自己的脏袜子往洗手间的脏衣篓里一扔，然后对着哥哥喊："哥，我今天困了，不想洗袜子了，先睡了！"

　　我们家老大立刻走到弟弟面前说："就你困别人不困？你是不是又指望着老妈给你洗？我告诉你，绝对没可能，洗了袜子再睡！"弟弟听了哥哥的表达，虽说有些不情愿，但依然拿起袜子开始洗了。

　　在一旁的奶奶坐不住了，开始站出来干涉哥哥对弟弟的教育行为。"你这当哥哥的怎么这么不近人情呢？你就没有困了、累了的时候？这袜子妈妈给洗或者明天再洗怎么就不行呢？"说着奶奶就走到弟弟面前，要替弟弟洗袜子……

　　哥哥看到眼前的一幕，生气地走回房间，临关门前说了一句话："行，以后他的事情我再也不管了！"

如果把以上互动方式定义为哥哥对弟弟的教育行为的话，那么教育结果显然已经遭到了破坏。奶奶由于在意识层面选择了弟弟，所以在行为上袒护了他，这可能会导致哥哥以后真的不再对弟弟履行自己的教育职责了，这对老大和老二的成长都造成了不利影响。

　　其次，如果把以上的互动方式看作是兄弟俩之间的日常互动的话，那么人与人之间的自然互动和意识层面对互动的探索便同时遭到了破坏。

　　这个怎么来理解呢？举个例子，一个人到陌生环境与陌生人打交道是需要用意识去探索与对方的互动方式的。第一次或者每一次与他人互动都是需要用情绪去体会，用意识去预判自己在面对当前这个人时的行为输出，如果一个人在之前没有经受过很好的训练，大家会评价这个人的行为输出为不得体或者不合适。而这种能力的具备就是在与身边人进行的一次次互动中体会而来的。

　　例如，对于以上案例中的弟弟而言，他在家庭互动中能体会到的与不同属性家庭成员的互动方式为：当哥哥在身边时，我的脏衣袜是要自己清洗的；当奶奶在身边时，我是可以对这些置之不理的，因为奶奶宠我，会帮我清洗干净；如果妈妈在身边时，我可能需要撒个娇才能让妈妈帮我清洗等等……

孩子与不同的家庭成员进行不同的行为互动时，训练了人与人之间相处的模式和方式，训练了意识对交互信息的探索和预判能力。这是多胎家庭的孩子比单胎家庭的孩子更容易获得能力提升的方面。

但由于父母的干预，很可能会造成多个家庭成员与同一个孩子互动模式单一的现象，从而影响了孩子互动能力的提升。例如，家里的爸爸从意识层面选择了弟弟，希望全家人都宠着他、呵护他，那么全家人对于他的情绪输出就趋于一致了。再例如，家里的妈妈希望孩子们在家里都要很守规矩，尤其是面对老人时不可以没大没小、打打闹闹，那么孩子在面对家庭其他成员的情绪输出也趋于一致了。

大家平时所讲的"高情商"是指一个人可以根据不同的环境，对不同的互动对象有不同的情绪探索和意识预判，这是一种能力。没有经过训练的孩子便不会具备。

不只是两个孩子，只要是人与人之间，都会存在特有的相处方式。我们每一个人作为一个自然人，和身边的任何一个人相处都是不同的相处模式，孩子就更是如此，因为他们的思维还没有被限制，所以具备更多的相处方式。

我们做父母的不要用"我认为"破坏了"血浓于水"的手足

情谊，更不要用"我认为"破坏了与他人的互动关系。从某种意义上来讲，教育是一种特殊的人与人之间的互动关系，尊重孩子们之间的相处模式，就是尊重我们自己和保持权重的一种方式，除非孩子们有诉求的欲望，否则我们可以尽量减少干预的频次和概率。

Part 2
孩子拉你出来评理该怎么办？

　　俗话说，手心手背都是肉；俗话还说，清官难断家务事。基于这两点，关于两个孩子之间的"理"到底该怎么评呢？

　　作为二胎家庭的父母，尤其是母亲，恐怕需要处理最多的有关孩子的问题就是"评理"。

> 姐姐："妈，我妹又没经过我同意就动我的玩具！"
> 妹妹："你昨天答应让我玩儿了，怎么今天又反悔了？"
> 哥哥："妈，我弟撕了我的作业本，折成了纸飞机！"
> 弟弟："妈，我不知道那是哥哥的作业本！"
> 姐姐："妈，我弟说借我平板电脑玩儿十分钟，可是三个十分钟都过去了，他还不还我！"
> 弟弟："反正你也不用，为什么就不能多借我玩儿会儿呢？"

有很多二胎家庭的妈妈经常跟我反馈，说自己一天到晚，不是当"法官"就是当"裁判"，有时候评判得过于疲惫了，就不管谁对谁错，"各打五十大板"。

教育不是我们做父母的如何看、如何"判"，而是我们的处理方式以及决定在孩子那里产生了怎样的情绪和想法。

接下来，我们以常见问题"一个孩子弄坏了另外一个孩子的物品"为例，诠释父母的做法在孩子那里会产生怎样的影响，通过7种解决方式，帮助大家找到解决二胎问题的视角以及层面。

弟弟撕坏了哥哥的作业本

还没有上学的弟弟在家里有些顽皮，他从哥哥的作业本上撕下两页折了两个纸飞机。哥哥放学发现后非常生气，他拉着弟弟到老妈面前评理……

> 哥哥："妈！我弟把我的作业本给撕了！"老大话音刚落，弟弟立刻就接上了："妈，我不知道那是哥哥的作业本，我只是想折两个纸飞机！"
>
> 哥哥："你想要几张纸从哪拿不行？为什么偏偏从我的本上撕？"
>
> 弟弟："别的地方我也找不到纸啊，我看你桌子上有，我就……我不知道那是你的作业本，我不是故意的！"
>
> ……

一般像这样的争论，都会陷入"公说公有理，婆说婆有理"的境地，如果你是两个孩子的母亲，这样的问题你会如何处理？

处理方式 1：选择站在弟弟这边

> 妈妈对哥哥说："你弟弟还小，他懂什么？他都还没上学，也不认识字，肯定不知道那是你的作业本。这样吧，你下次把东西收好，别再让他有机会拿到！"

我们来代入一下，假如你是哥哥的角色，你会接受妈妈这样的"判决"吗？你会不会认为妈妈是在偏袒弟弟呢？

哥哥作为"原告方"，之所以能向妈妈告状，肯定是希望妈妈能够站在自己的阵营为自己说话的。可是现在，妈妈不但不为自己这个受害者打抱不平，反而袒护起弟弟来。

首先，由于评判所带给老大的不美好感受，会让老大把这种情绪嫁接在弟弟身上，两个人的兄弟关系会受到影响；其次，由于老大对妈妈给出的评判是不服的，因此妈妈在老大心目当中的权重会降低。

看来站在弟弟这边，不是可以顾及全局的解决问题方式，那么接下来我们再看看，如果选择站在哥哥那边呢？

处理方式 2：选择站在哥哥这边

妈妈对弟弟说："我不管是因为什么，你撕了哥哥的作业本就是你的不对！去，向你哥道歉！"

我们来代入一下，假如你是弟弟的角色，你会接受妈妈这样的"判决"吗？你的内心会不会觉得委屈呢？

如果弟弟由内而外地认识到自己的行为确实对哥哥造成了影响而主动向哥哥道歉，这是没有问题的，但这种被妈妈要求的道歉，尤其是弟弟之前还表达了："我不知道那是你的作业本……"这说明他很可能不是有心的，在这样的前提下被妈妈要求向哥哥道歉，弟弟也会不服，并且还会把这种怨气嫁接在哥哥身上。兄弟二人的关系会产生间隙，妈妈在弟弟意识层面的权重也会降低。

看来站在哥哥这边，也不是可以顾及全局的解决问题方式，那么接下来我们再看看，如果选择"各打五十大板"呢？这下可以解决问题了吗？

处理方式 3："各打五十大板"

妈妈对哥哥说："他是怎么拿到你的东西的？你要是把东西收好了，他能拿得到？"

妈妈对弟弟说："还有你！我不管你知不知道那是哥哥

的作业本，把本子撕了就是不对！"

　　妈妈对兄弟俩说："都别在这争了，一起到墙边站着去！以后要是再为这样的小事争吵，就一起罚站！"

　　我们来代入一下，不管你是哥哥还是弟弟的角色，你会接受妈妈这样的"判决"吗？你会感到心服口服吗？

　　这时，恐怕哥哥的心里会很委屈：我的作业本被撕了，我还要被罚站？这是什么道理？恐怕弟弟的心里也会很委屈：我真的不知道那是哥哥的作业本，否则我肯定不会动的！

　　除此之外，哥哥和弟弟可能还会认为妈妈偏心。例如，哥哥会认为妈妈偏心的点在于"就这么一站，弟弟就没事了？他把我作业本弄坏的事情就这么过去了？"弟弟认为妈妈偏心的点在于"我哥比我高，也比我壮，他站一会儿肯定没什么事啊，妈妈真偏心！"

　　这种"各打五十大板"的处理方式完全没有让兄弟俩认为责任是"一人一半"的，每个人都感觉很委屈，每个人都感觉妈妈是在偏袒另外一方，这种处理方式对两个孩子的关系而言是一种"分裂"。

　　由于我们之前的教育方式是从"我认为"出发的，"我认为"公不公平，"我认为"是谁的问题等等，而不是从孩子的客观想法出发，所以作为父母一旦实施了某种所谓的"教育方法"后，孩子的想法和想要达到的效果往往是在父母意料之外的。谁也不希望这一番评判下来，拉远了两个孩子之间的关系，并且还降低了自我的权重，但由于教育的出发点不是站在孩子获取信息的角度，所以教育的结果往往是事与愿违的。

在我工作室进行学习的一位妈妈——邢媛，是二胎家庭中的老大，她曾经说过："我妈就是一个不管谁告状，因为什么事情告状，都先一起罚站半小时再说的人。那么多年我一直认为我妈是偏心的，因为每次我弟站完半小时跟没事人一样，但是我已经累得双腿都没法弯曲了。"

邢媛现在跟她弟弟的关系非常糟糕，已经很长时间都不联系了。因为她认为父母是偏心于弟弟的，从小到大一直都很忽略她的感受，所以，她和父母的关系也很一般。

还记得 Part3 中留下的那个问题吗？"血浓于水"是天性，当两个孩子身处社会环境中时，老大对老二的保护欲便会被激发。老大可以为了老二拼命，老大可以为了老二搭上自己的时间……可老大对老二这种真挚的情谊，为什么会在家里不愿意让一个荷包蛋，不愿意让个遥控器呢？答案是因为父母的介入破坏了两个孩子之间的关系。

通过以上分析不难发现，只要父母做出了选择和评判，两个孩子中至少有一个会感觉到委屈，并且两个孩子之间的关系也会被疏远。所以我们必须跳出原有思维方式来进行处理，那就是不做选择、不做评判，把老大、老二当作一个整体来对待。

Part 3
把老大、老二当作一个整体来对待

　　父母的选择和评判就好比把两个孩子放到了不同的"战队"，那么竞争和攀比便不可避免，但如若把两个孩子当作一个整体来对待，那么选择、竞争、攀比便统统不存在了。这样不仅可以解决现有二胎之间存在的矛盾，而且还可以避免很多将来会产生的问题。

No.1
"不介入不干预"造就良好二胎关系

　　以"弟弟撕坏了哥哥的作业本"为例，父母在面对两个孩子告状、找父母评理这些问题时，把老大和老二当作一个整体的方

式就是做一个旁观者，让两个孩子自己去处理他们之间的问题。

处理方式 4：把老大和老二当作一个整体

> 哥哥："妈！我弟把我作业本给撕了！"老大话音刚落，弟弟立刻就接上了："妈，我不知道那是哥哥的作业本，我只是想折两个纸……"不用等兄弟俩表达完，我们就很平静地对着老大说："那是你弟，你们兄弟俩之间的事情你看着处理就是了，谁让你是他哥呢？"说完，就做自己的事情，不再关注他们。

这么做的原因有两个：第一，两个孩子无论是争吵也好、评理也罢，很多时候是需要"观众"的，尤其是两个孩子之所以能把问题摆到父母面前，其实首先是希望父母"站队"的。现在父母不但不"站队"，而且不关注，这就会让孩子们冲动的情绪变得稳定很多。

第二，做父母的虽然跟老大表达了"你看着处理就是了"的信息，但也传递了"那是你弟""你是他哥"的情绪。在没有外界信息的干预下，由于血浓于水的天性，老大也不会对老二有什么过激行为，反倒是会激发老大的教育情怀和教育责任感。

你有没有这样的感觉，一个孩子摔倒了，如果父母不关注"摔倒"这件事情，这个孩子便很难流出眼泪。关于两个孩子的争执也是一样，如果父母不关注，便没有了裁判和观众，那么争执往往就会进行不下去，最后也只能不了了之。不仅如此，由于血浓于水的缘故，没有父母在场的环境，老大的责任感就会被激发（例如 Part3 中廖先生和刘女士的案例），他会调用自己的能力处理好眼前的事件。

被摔坏的钢笔

讲述者：孙女士（"70后"）

我上小学四年级的时候，爸爸给我买了一支特别符合我审美并且实用性极强的钢笔。它不但样式小巧精美，而且笔身还是我特别喜欢的颜色。当笔尖滑落在纸张上时，感觉既顺滑又流畅。它使我写的每一个字都变得更好看了，我对它真的是爱不释手，带着它在学校里用了一整天，感觉好极了。

放学回到家后，我小心翼翼地把它从文具盒里取出来，准备写作业。刚写了几个字，才上一年级的弟弟也要凑过来跟我一起写，他兴致勃勃地把书包往桌子上一扔，结果碰倒了我的墨水，我手忙脚乱地伸手去扶，手里的钢笔却一不小心摔在了地上。

我的心一下子提到了嗓子眼，二话不说，顾不得桌子上和手上被溅到的墨水，直接蹲到地上，慌忙地把它捡起来，检查它有没有被摔坏。看着它完好无损的外壳，我的心踏实了一些，但是当我看到钢笔的笔尖被摔断时，我直接就急哭了："这可是咱爸刚给我买的，才用了一天！一天！我心爱的钢笔就这么毁了！都怪你！都怪你！"我怒视着弟弟，气冲冲地跑到爸爸面前告状，但是他却只说了一句话："那是你们两个之间的事儿，你看着处理吧。"说完就继续忙他的工作，再也没有抬头看过我一眼。

本身非常气愤的我忽然愣住了，没想到爸爸竟然说了这么一句话，我当时心想：让我处理？那我打他你也不管！我真的打他了啊？谁让他那么讨厌，非要凑热闹一起写作业的，要不是他，我的钢笔也不会摔坏！

我一边想一边回到自己的房间，看到弟弟贴着我的书桌站着一动不动，他微微地抬头看了我一眼，然后又立刻低下了头。我看到他恐惧的样子，心里立刻就不气了。本想帮他擦一下脸上的墨水，可他下意识地抬手挡了一下，看来他真的认为我要揍他了！不知道为什么，我心里不但不气了，还有点心疼弟弟："以后别那么莽撞了，记住了吗？"我弟连忙回答："记住了，我记住了，姐！"说着他就开始帮我擦拭书桌上的墨水。

这件事情已经过去几十年了，我弟弟每每跟旁人提起的时候都是夸赞我："你们不知道我姐有多包容我，小时候的一件事我以为她会揍我，结果……"现在想想，我父亲当年没有介入这件事情，可能真的只是一个巧合，但那个巧合让我恢复了理性，妥善地处理了这件事情。否则只要他一句："你弟弟还小，不懂事，不就是一支钢笔嘛……"我就会立刻冲到我弟弟面前给他一巴掌，我控制不了自己的情绪，感觉不这么做我就委屈极了！所以到现在我都一直非常感谢那次巧合，让我和弟弟有了这么多年的深厚的姐弟情谊。

我们可以代入身边很多的家庭去感受，看看那些兄弟姐妹之间关系不错的是不是符合"父母不介入也不干预"的理念。想想我们的上一代人，家里孩子都很多，而那个时候孩子们之间的矛盾却很少，并且也不突出。那个年代的父母顾不上照顾孩子，一般都是大的带小的，有什么事情都是自己"内部"解决，所以大部分兄弟姐妹之间的关系都很不错。如果存在有关系特别不好的兄弟姐妹，那么一定是有外力的介入，这个外力一般情况下就是父母的选择和评判。

不干预不介入，做智慧的父母

讲述者：李洋和李东的妈妈

大家都说清官难断家务事，既然难断为什么要断呢？

有一晚，李洋（九岁）和李东（七岁）因为谁睡上铺的问题争执不休。平时是哥哥睡上铺，弟弟睡下铺，但那天他们白天商量好，弟弟当晚是可以睡上铺的，前提是他不能把上铺弄脏或者弄乱。

到了晚上，弟弟兴奋地抱着一包零食爬到了上铺，结果不小心把零食洒在了床上，哥哥很生气，说弟弟违反了约定，就不能睡在上铺了，弟弟一听不高兴了，非要在上铺睡，两个孩子谁也不让步，最后就把我拉来评理了。

哥哥："李东答应了不把我的床弄脏，但是他没做到，所以我不能让他在这睡！"

弟弟："我不是故意的，收拾干净不就行了吗？"

哥哥："你肯定会再弄脏的，一会儿还可能把水给弄洒了。"

弟弟："我不会的，我肯定不会再洒东西了，你白天都答应让我睡上铺了，你不能反悔！"

哥哥："你还答应我了呢！答应我不会把我的床弄脏……"

我明显感觉到这兄弟俩一边在争论，一边都不时地向我投来拉拢的目光，都希望把我拉到他们各自的"阵营"里去。我不管三七二十一，把手机拿出来就开始录像，谁说话我就录谁，而我既不发言也不表态，静静地做一个摄像师，做一个旁观者，谁的"阵营"我也不进。

哥哥先耐不住了："妈，你倒是说话啊！"弟弟也附和道："对啊，你评评理啊！"

我说："关我什么事，你们继续争，我录个视频，等哪天没意思了拿出来看一看、乐一乐，你们不用管我，继续吧！"

兄弟俩一听，立刻转入同一"战壕"，弟弟说："别录了，别录了，这没什么好录的。"哥哥说："散了吧，散了吧，不玩了。"

我收起手机说了一句："这么快就结束了？没意思，我还以为你们会'决战'到天亮呢！"说着我便起身离开了。

两个小时以后，我再来到他们房间时，弟弟已经在上铺睡着了，而哥哥也安然地睡在了下铺。到现在我也没有关注那件事情他们两个是如何协商的，因为那是他们兄弟俩之间的事情，只要他们各自开心就好！

兄弟两个绑定在一起共同"抵制"妈妈的拍摄行为，从表象上看这位妈妈很失败，居然让两个儿子同时"驱赶"了，而实则这位妈妈是很智慧的，因为由于她的出现，两个孩子站在了一起，他们兄弟之间的关系更紧密了。

两个案例分别诠释了处理二胎问题的基本原则与基本方法，希望各位二胎家庭的父母能够按照这两个基本点去促进两个孩子之间的关系……

No.2
教育关注的是情绪而不是道理

　　孩子们之间产生了矛盾，首先是我们父母怎么看待这个问题，其次才是怎么解决和处理问题。不是一上来就做判断，判定在某个事情中是老大的错还是老二的错。看待问题的视角出了偏差，那么问题将永远得不到解决。

　　孩子们之间的矛盾应该怎么看呢？老大与老二矛盾背后的核心是在情绪上，事情只是导火索，人在情绪上发生问题时是没有任何道理的。就像夫妻之间产生了矛盾，没有什么道理可言，双方都在通过事情散发情绪而已。"清官难断家务事"就是这个道理，判断的层面都是在事情上，而实际的核心却是在情绪上，所以这个"家务事"是总也断不清的。老大、老二矛盾多，除了父母的选择，还有就是父母总想成为"裁判"的想法，想看看自己是不是公平，想看看谁更有道理。

　　教育是关注在孩子那里产生的情绪和想法，在老大、老二发生矛盾的时候，我们认为我们的评判是公平的、公正的，但两个孩子是这么认为吗？两个孩子又是怎么认为的？这才是我们关注的核心。

现在有很多父母之所以认为二胎的问题很难解决，主要是因为两方面的核心没有找对。

第一，视角不对。

我们认为的"公平"处理真的是公平的吗？只要讲公平，就是把两个孩子放在了竞争的角度，再怎么公平都不对，关键是也不可能做到公平。老大与老二的问题必须按照他们是一个整体的视角来处理，因为关系学的核心是互动，如果父母的视角是把两个孩子分开来看，那么势必会影响两个孩子之间的美好互动关系。

第二，层面不对。

父母在面对二胎问题时往往选择的是道理，选择的是更喜欢的人。而对于孩子们而言，选择的是情绪，在乎的是情绪。例如，对于老大而言，他是真的在乎能否拥有一个苹果吗？他在乎的是父母对待他的态度以及情绪。

站在把老大和老二当作一个整体的视角下，站在关注两个孩子互动情绪的这个层面，在面对老大和老二发生争执时，还有两个很不错的解决方式。

以案例"弟弟撕坏了哥哥的作业本"为例解析。

处理方式 5：追究老大的管理责任

老二出现了任何问题，直接追究老大的管理责任，这样不仅是把老大和老二往同一个"战壕"里推，关键是能够激发老大的责任感，推进两个孩子之间的关系。

"作业本"事件和"捺钢笔"事件中，如果站在这个角度，父母应该对老大说："你还来找我评理？什么叫'长兄如父''长姐如母'你知道吗？就是你要对你弟负责，你对他有管理责任！就像你在外面闯了祸，人家就会找我是一个道理！下次你弟再闯祸，我就直接找你！"

我们追究老大一个"管理不利"的责任，不仅可以把老大放到老大该在的位置上，而且还能够增强他的责任感！最重要的是，两个孩子的关系将是一个极其紧密的整体。

处理方式 6：批评老二是为了激发了老大的责任感

敬一丹在一次采访中讲述过这样一个故事："那个时候爸爸去了一个学习班，妈妈去了一个干校，姐姐成了知青，然后我就变成了我们家的'老大'。

　　我弟弟一个七岁、一个十岁，而我十三岁，我经常要做一件事，就是给我弟弟补衣服。有一次我在缝纫机前补衣服的时候，那补丁太厚了，我就这样使劲推，结果咔嗒一声，那个缝纫机针就把我这个手指给击穿了，我这个手瞬间就不能动了，那次恰好我妈从干校回来了，进屋一看，女儿的手让缝纫机穿透了。我妈这时候也没有安抚我，而是声色俱厉地把我的两个弟弟叫来：'你们俩过来！'我俩弟弟都傻乎乎的，不知道发生了什么事。我妈妈就指着他们俩说：'告诉你们，你姐姐给你们缝衣服，她还是个孩子呢！她是替爸爸妈妈照顾你们！你们长大了要是对你二姐不好，就丧良心了！'我这时候就想，这一切都是我应该做的，我还能做得更好！"

　　"人到中年以后，我会想这些事，我妈妈真的是教子有方。假如说当时我妈妈一把抱住我：'哎呀，太可怜了，看我女儿的手。'那我立刻就会委屈，我就会哭。然而当时她给了我一种莫名的肯定，她借这个机会告诉我弟弟，你姐姐是这样一个姐姐，她让我们姐弟之间有了这样一种特殊的情感链接，所以直到今天，我们的姐弟关系还特别好。"

　　如果二胎家庭的父母从以上案例中找到了一些感觉，那么"弟弟撕坏了哥哥作业本"的事情现在交由你来处理，我想你应该能

够找到一些思路了吧！

　　大体感觉是对老二进行批评，直到激发出老大对老二的责任感，让他替老二求情："妈，妈，算了！别批评弟弟了，不就是两张作业纸嘛，我明天重新买个新本就好了！"

　　我们可以感受一下，以后再有类似的小事，老大就不会把状告到父母那里了，他会在一种责任感的驱使下把弟弟教育好的。

No.3
避免二胎问题的核心方法——赋予孩子"手足基因"

　　父母在面对二胎问题时，不管是批评老大还是老二，都要奔着一个目标和方向，那就是巩固两个人之间的内在联系。做父母的如果在老二面前批评老大，不应该让老大产生委屈情绪，否则他会把这种委屈嫁接在老二身上，这样便会影响两个孩子之间的关系；但如果批评老大激发了老大更强的责任感，不仅老大更具有努力的动力，孩子们之间的关系也会变得更加稳固。

　　二胎问题归根结底属于关系问题，它不是父母评理的问题，更不是纠结哪个孩子对与错的问题。如何让两个孩子的关系更紧密、更和谐，这是我们需要思考的问题。

　　所以，二胎问题还有更高级的解决方式，那就是赋予两个孩子"手足基因"。

把老大、老二当成一个整体，血浓于水的天性就会被激活。在平时生活中也可以不断强化这个整体概念。二胎家庭的父母可以培养一种语境，那就是，老大过来告状，就告诉他："那是你弟，你自己看着处理。"如果老二过来求助，就告诉他："找你哥去！"

我们并不是完全不管、不看，而是只关注、不介入。在两个人之间的关系出现问题时，我们及时扶正和干预，注意是针对"两个人之间的关系"而不是具体某件事情或某个人。

把老大、老二当成一个整体，不仅是为了解决现有问题，更是为了促进孩子们长大之后的关系。现在这一代二胎家庭中的老二大多才几岁，我们暂时还看不到这代人长大之后的相处模式，不过，我们可以借着已经存在的案例来看看，一个整体概念下长大的老大老二，现在是怎样的状态？

讲述者：郑蓝（生于1970年）

我和我弟相差九岁，弟弟出生时，我认为我的生活即将发生翻天覆地的变化。但随着他的到来，好像一切都没有变，又好像一切都变了，变得向着更美好、更幸福的方向迈步了……

我上初二时发生的两件事，由于我父母的处理方式促成及造就了我和我弟之间形成了非常亲密的姐弟关系。

第一件事是那年过春节前，我母亲提前买好了一些大白兔奶糖。在我小的时候，只有过年才可以吃到大白兔奶糖，

171

平时父母是不会给我们买的，所以大年三十的那天早上我的心情是有点忐忑的，因为过了年我就 15 岁了，我不清楚母亲还会不会把大白兔奶糖拿给我吃，更不清楚母亲会不会把这难得吃到的糖果叫我让给我弟。

结果吃完了早饭，我母亲把我叫到房间，从柜子里拿出两大把糖塞进我的口袋里，然后说了一句："去，和你弟分着吃！"我当时有点惊讶，没想到母亲是这样的"操作"。但接下来我的行为也让我有些吃惊，我只留了两三块，把剩下的都给了弟弟："吃吧，这是咱妈给你的！"我弟弟激动地蹦了起来，毕竟在那样一个年代，'大白兔'在我们这样的普通家庭是非常罕见的糖果！我弟拿起一块糖果塞进嘴里说："太好吃了，姐，你也一起吃！"我之前预想的糖果争夺战不但没有发生，而且我们姐弟俩反而彼此谦让了起来。

后来发生的另一件事情，让我有了"长姐如母"的感觉，我们姐弟俩的关系也得到了极大地促进。

年后，我从同学那里借来了一本书，准备看两天就还回去，我知道同学很爱惜她这本书，不轻易外借，但我是她的好朋友，所以她很爽快地就答应了。我心里想，越是这样，我越不能辜负了她对我的信任。

结果，就在我准备还书的时候才发现，书的某一页竟然被撕破了，虽然只是破了一个小角，但对于我来说，那就是一个大裂缝！我当时的状态完全被愤怒充斥着。放学回家后，我冲进房门，冲着家里人大声喊道："这是谁干的？"

爸爸妈妈都一脸茫然地看着我，只有弟弟，眼神闪烁，不敢看我，更不敢接话，平时的他绝对不是这样。我上前问道："是不是你干的？"

他被问得支支吾吾地说不出话来，但那种状态告诉我明明就是他。我继续追问，甚至怒吼道："说！是不是你！我借的同学的书是不是被你撕坏了？"他勉强挤出来一个字："嗯。"

我听了之后气不打一处来，对着他的屁股就是一顿捶打，我气愤的是他为什么要动我的东西，动我的也就算了，可这不是我的，我怎么对得起人家的这份信任，这怎么赔？这不是买一本同样的书就能替代的。

此时的我，越想越生气，越生气就越用力……

我大概打了他四五下，他没有任何反应，只听我母亲远远地跟我父亲说了一句："你看，他也知道自己错了，所以也不敢哭。"我扭头一看，他真的没有掉一滴眼泪，也没有委屈，而是憋得满脸通红，默默地承受着我这个姐姐挥来的一拳又一拳……

看到这一幕，我蹲在地上放声大哭，然后起身抱着他说："对不起，真的对不起！我不该下手那么重的！对不起！"

我当时那种感受极其深刻，我就像是一个惩罚自己孩子的母亲，虽然每一巴掌都打在孩子的身上，但是我的心却比那一下下留在孩子身上的痛要痛得多！

那件事情对我的影响很大，在我弟弟面前我彻彻底底地找到了"长姐如母"的感觉。我父母除了对他有基本的生活照料外，其他的一切都是我操心和管理的。我上高一的时候，他上了一年级，他功课的辅导以及跟老师的沟通都是包揽在我身上的。

弟弟当时喜欢喝旺仔牛奶，我所有的零花钱都攒着给他买牛奶，只要攒够一罐的钱就买给他。他也很懂事，每次拿到牛奶，就先让我喝，我总是象征性地喝一口，然后就看着他大口大口地喝，特别满足地笑，那种感觉比我自己喝下去还要甜一百倍！

现在我们已经各自成家，但他在我眼中还是当年那个需要被照顾的小弟弟，在他眼中我依旧是那个"罩着"他、护着他的大姐，我们两个人的关系已经好得不分彼此了。到现在，想起当年的两件事情，我都非常感谢我的父亲母亲，他们完全是由着我和弟弟进行自然地互动，我们两个人的事情他们也从来没有插过手。如果当年我母亲在大年三十早上分发"大白兔"时说的是："你是老大，把'大白兔'让给弟弟吃吧。"我恐怕立刻就会想："凭什么？"而如果在我把我弟暴揍一顿的时候，我母亲冲出来抱着他说："你干吗揍他，他还是个孩子！"我恐怕会产生一种永远都不想理他的情绪吧！

两个孩子的关系是互动关系，赋予他们"手足基因"，让他们成为一个整体，老大自然会有老大的觉悟，觉悟是一种感受，这种感受不是靠灌输，更不是靠要求。

教育是信息的互通，是感受的传递。老大感受到"长兄如父"、"长姐如母"的感觉，有了这份"天然"的职责，便自动具备了责任感、价值感；而老二在自然状态下，会崇拜和尊敬在自己面前的这位"责任人"，在这种良好关系下，老二也会"复制"老大身上的优点和积极的思维方式。

No.4
来自一位二胎妈妈的分享

从"分"到"合"的幸福历程

讲述者：方晓

我有两个女儿，姐姐十岁，妹妹六岁。从我生完妹妹，抱着她从医院回到家里的那一刻，两个人就开始"争"了。那时姐姐对妹妹说的第一句话就是："那是我妈妈，我要妈妈抱！"

我没想到我之后的日子，就陷入到姐妹俩的"争"当中去了，在妹妹小的时候是争妈妈抱、跟妈妈睡；大一些开始争玩具、争零食；再到近一年是争谁有理……

在妹妹三岁的时候，我已经被两姐妹消耗得无法分出任何一点精力在工作上，只能辞职在家里全职带她们两个。为了解决她们两个之间的问题，我翻阅了一些书籍（当时关于二胎的书籍真的很少），也咨询过一些专家，但大致方向都是告诉我如何做一个好的"裁判"。于是导致我越是"裁决"，两个孩子和我对抗得就越严重，她们之间的对抗也越严重……

在我疲惫应对、不知如何是好的时候，我了解到了教育是关注在孩子那里产生了怎样的情绪和想法，了解到了处理二胎问题的核心方法是把他们当作一个整体，把他们俩往一个"战壕"里推。

最开始理解了什么是把他们往一个"战壕"里推之后，我就迫不及待地先模拟了一些把两个人往一起推的表达方式。例如姐姐有什么事情找我评理时，我会说："那是你和你妹之间的事，我不管，你们自己想办法解决！"假如妹妹有什么事情需要找我帮忙，我就说："找你姐去，我正忙呢！"

渐渐地，我发现有了一些效果，这让我感觉很欣慰，甚至还有点小期待。

妹妹很喜欢拼接玩具，每次把这样的东西买回来就会束缚我四五个小时，因为她需要我陪她玩儿，需要我帮她看图纸、拼装等等，其实我个人也不是很擅长玩儿这些，所以感觉需要花大量的时间和精力陪她组装好。有一次，外婆给妹妹买了新玩具，妹妹又来找我帮她，当时我是由内而外地不想做，我丝毫没有给她余地地说了一句："我没时间，找你姐去。"

妹妹看到我态度如此坚决，并且感受到我真的很忙后，便抱着拼接玩具站在了姐姐的房间门口，她喊了两句："姐姐，姐姐。"姐姐没有理会妹妹，眼前这一幕要是按照我之前的状态，我直接就过去吼姐姐了："你这姐姐怎么当的？"可当时我真的觉得这事和我没关系，姐姐不理妹妹，妹妹就自己想办法。

谁知两三分钟以后，姐姐看妹妹一直站在门口，就问了一句："什么事？"妹妹赶快回答道："姐姐，我这个玩具不会拼。"姐姐看了一眼妹妹怀里抱着的盒子，轻描淡写地说了一句："行，进来吧。"

姐姐帮她忙活了好几个小时，终于拼出了一个非常复杂且精致的小别墅。她们两个举着共同的劳动成果冲出来对我说："妈妈，妈妈，快看我们的杰作！我们搭了一个特别'赞'的屋子！"

"妈妈，你快看，多漂亮！是姐姐帮我拼的！"妹妹一边跟我"炫耀"，一边用崇拜的眼神盯着姐姐！那种目不转睛的样子，让我现在想起来印象都极其深刻。那种崇拜让妹妹变成了姐姐的"小迷妹""小粉丝"，那一刻我特别激动和感动，姐妹俩之间那种紧密的感觉，让我想想都觉得非常幸福！对比之前姐姐总是有各种各样的理由不带妹妹玩儿，现在这种亲密的感觉是我之前一次次地要求姐姐带妹妹玩儿一会儿时都没有实现和达到的效果。

这样亲密的时光一直持续到后来姐妹俩发生了一次争执，由于我的处理方式得当，让姐妹俩的关系又上了一个大台阶。

花生酱之争

有一天，我们全家人都在吃晚饭，姐姐看到花生酱只剩一点点了，就把它消灭光了。谁知妹妹看到了突然喊了一嗓子："姐姐，你怎么都吃完了？"当时可能妹妹喊的那嗓子有点突然，再加上爸爸和爷爷奶奶都在，姐姐就由于惊吓加委屈，一下子哭了出来。

我一看场面有点失控，立刻先对妹妹说："人家吃那是人家的事，你提前说你要吃了吗？如果你提前说了，你看你姐给不给你？"我看妹妹的表情，感觉到她在想："哦，也是，姐姐也没说不给我。"这时，我成功地把妹妹往姐姐那边推进了一步。接着，我面向姐姐，开始笑话她："你说，就这么点事，那还是你亲妹你都'搞不定'，你还好意思哭？在面对你妹的时候有你一个身份叫作'长姐如母'，你看你这当'妈'的不但'搞不定'她，你还哭了……"听到这里，姐姐噗嗤一声就笑了出来。

无论是我面对妹妹时的表达还是面对姐姐时的"玩笑话"，都是把她们俩的关系往更进一步去推。"你看你姐给不给你？""那是你亲妹，你都'搞不定'……"

我事后想想都觉得很激动，姐妹两个之间的事情有什么"对错"好争，有什么"理"好评，无论什么问题，把姐妹俩往一块儿"撮合"就对了。之前"评理"的思维方式是"分"，所以道理越清楚，姐妹俩的关系就越不好，现在无论发生什么事情，思维方式是"合"，所以即便是我批评了每一个人，但她们的关系是越来越近、相互靠拢的。

随着姐妹俩的关系越来越好，我又进入了工作状态，做了一家自己的公司。有天晚上，我刚把晚饭摆到餐桌上，突然接到客户的电话需要我马上去公司安排会谈，家里正好没有其他大人，只剩下一个十岁和一个六岁的姐妹俩。我边收拾东西边给姐妹俩交代，让她们自己在家安排好自己的生活，有事给我打电话。俩孩子不但没有害怕紧张，反而特别兴奋，开心地跟我摆摆手说再见。

在会谈中，我的思路始终没办法专注，直到我收到了姐姐给我发的一条信息："妈妈，我们的作业都做完啦，准备睡啦，放心～"我这颗悬着的心才瞬间落地一些。

等我回到家，已是凌晨四点。我看见餐桌上已经没有了碗筷，桌面像是被擦过的；接着，我去厨房看见用过的碗筷都整齐地摆放在橱柜里；我又去妹妹的房间，看到妹妹踏实地躺在床的内侧，外侧摆着一个枕头和一床被子，应该是妹妹在睡着之前姐姐一直在陪着她的；我又打开姐姐的房门，看见地上放了一堆妹妹的玩具，估计她俩睡前还在一起玩玩具呢！

第二天一早，妹妹醒来就搂着我的脖子说："妈妈，姐姐真是太好啦！"接着就跟我讲，姐姐带她一起玩儿，提醒她练琴，指导她写作业，还陪她一起睡觉。可姐姐却什么也没说，丛容地做着自己的事情，感觉那一切都是她应该做的。

家长不在的时候，姐姐找到了当老大的感觉，自觉地承担起照顾妹妹和做家务的职责。妹妹在只有姐姐的时候，也完全依赖和信任姐姐，非常愿意听从姐姐的安排。

Part 4
客观评判有助于理性思维方式的建立

即便是两个孩子对调了在事件中的位置，即便是事情发生在与自己不相关的孩子身上，如果自己的评判标准依旧可以保持不变，那么这种评判才是客观的，才是对事不对人的评判。

No.1
什么是对事不对人

姐姐和妹妹相差六岁，妹妹五岁的时候，姐姐已经十一岁了。有一天，姐姐的同学来找姐姐一起出去吃肯德基，姐姐正要出门的时候，妹妹也要跟着一起去。姐姐对妹妹说："好啊，一起去！只是我带的钱不够，你去找妈妈再要一些，我等你！"妹妹听到姐姐答应带自己去，她开心极了，跑回房

间向妈妈要了一百块钱，然后兴高采烈地从房间里跑了出来，结果发现姐姐和她的同学已经走了，根本没等自己。妹妹一下子委屈地哭了……

两个孩子在成长过程中，很多事情也是需要我们去辅助分析与评判的，这时父母需要做到排除意识层面对人的选择，才是客观的评判方式，才是真正的对事不对人。

由于父母的评判涉及到两个孩子之间的关系，所以相较于独生子女的家庭而言，父母需要对自我提出的要求就会更高一些。

父母首先要对自我进行情绪验证，确保自己不对任何一方做情绪层面的选择：现在是姐姐瞒着妹妹离开了，如果妹妹在能力允许的情况下也这样对待姐姐，你的处理方式是否依然会保持一致？答案如果是肯定的，这是经过了第一层验证；其次，为了保证客观，你还要进行第二层代入，如果是自己的亲生子女，你会是接下来所描述的评判，那如果是和你没有血缘关系的孩子呢？例如你朋友家的孩子、亲戚家的孩子或者是你见到的社会现象，你都会是同样的评判和处理方式吗？答案如果是肯定的，那么，经过这样两层验证，才能保证自己的评判是相对客观的。既没有选择两个孩子的其中之一，也没有选择自己的孩子，这才是客观评判的基础。

姐姐和同学回来了，妈妈进行完两层自我验证之后，开始找姐姐谈话："欣欣，今天你和你同学走了之后，欢欢一直在哭。你们今天的做法，我觉得有点对不住欢欢了。欢欢回来找我是为了给你们拿出去吃饭的钱，结果到门口一看，你们走了，你说她委不委屈，难不难过？换作是你，一心为了和大家一起出去而努力，结果大家走了没等你，关键是你的付出很大一部分还都是为了大家，你委不委屈？"

欣欣一脸羞愧地说："妈，你别说了，我只是觉得带着她有点麻烦，没想到却给欢欢造成那么大的伤害。"

妈妈："你不带她没问题的，但你要跟她说清楚。说我们同学一起出去玩儿，带你不方便。那时候她会是不开心的情绪，但不是委屈。现在她很委屈，感觉自己被欺骗了。"

欣欣听完妈妈的表述，体会到了妹妹的委屈，跑到妹妹房间跟她道歉去了。

孩子具备解读父母情绪信息的天赋，如果在妈妈表达的过程中让姐姐捕获到，妈妈之所以这么表达是因为在意识层面选择了妹妹，她就不会认为是自己的做法有问题了，而会认为这是妈妈袒护妹妹的理由。从这个角度来讲，大家就能够意识到那两层验证的必要性了。

在这里还需要注意，作为父母只是帮孩子做分析，但不对孩子提要求，因为这个事情一旦提了要求，性质就变了。大家体会一下，如果妈妈对欣欣说："现在欢欢感觉自己被欺骗了，所以

你做得很不对，一会儿去向欢欢道个歉！"这时，姐姐还会认为自己有问题吗？她还想道歉吗？别忘了，每个人在面对要求时，都会下意识地产生抵触情绪。

所以父母只做分析不提要求的好处有两点：第一，每个人往往都是抵触被要求的，就像以上案例中的姐姐，本来自己已经觉得很过意不去了，但是现在被要求去向妹妹道歉，那么她还是很不愿意接受的，因为每个人的意识层面都具备反向性。第二，给孩子处理问题的空间。我们经常会听到一句话叫作给孩子的成长留白。什么是留白？就是把判断和决定的空间留给孩子，我们只是给出判断的依据和条件。

在这里可能有些家长会有一个问题，那就是前文不是提倡"不介入、不干预"才能造就良好的二胎关系吗？怎么现在又要介入和干预了呢？

之前强调的是不要介入到两个孩子之间，否则对他们的关系是一种分裂。但现在我们是"对事不对人"的评判，完全规避了介入到两个孩子关系之中的可能性。即便不是这两个孩子，即便不是自己的孩子，但凡是类似的事情，我们的评判都是一致的。所以说是否介入了两个孩子之间的关系，这是评判的核心。

就现有条件以及给予大家的认识，关于"弟弟撕坏了哥哥的作业本"这个案例，我们又有了更高维的处理方式。

处理方式 7：整体关系下的"对事不对人"？

妈妈对找来评理的兄弟二人说："本来是你们兄弟二人之间的事，我不想表达什么看法。但既然你们现在来找我了，我也发表一下自己的观点，但最终这个事情如何处理，还是看你们兄弟二人怎么商量。如果我是哥哥，我的作业本被人撕了，我首先想到的是，我怎么没把东西收好，既然是对我很重要的东西，我就要把它收好或者放在别人够不到的地方，因为它被破坏了，肯定最着急的还是我；如果我站在弟弟的角度，不管是有心还是无意，只要是我给对方带来麻烦了，我都会感觉愧疚和不好意思，所以我会考虑如何弥补。这些是我在这个事情中会有的想法，你们兄弟二人怎么处理，这个我就无法给予意见了，毕竟这是你们之间的事情。"

妈妈这么表达，既给了兄弟俩更多的视角来看待这个问题，又没有干预他们二人的评判；既保持了自己在孩子心目中的权重，又没有影响兄弟之间的关系。所以站在高维视角下的"对事不对人"也是解决问题的一种非常良好的方式。

No.2
帮孩子建立理性思维方式

你有没有这样的体会，在你面对一个自己很崇拜的对象时，

会无形地"复制"对方的行为和思维方式。例如，你在上学时很崇拜自己的老师，那么在外在行为以及内在思维上就会与他有越来越多的相同点，这些相同点都来自意识层面的"复制"。你也没有感觉自己有专门专项的学习，但你已经具备了这样的条件，这就是父母在具备高权重时可以带给孩子们的影响，也是本书中一直提及权重的原因。

父母具备理性的思维方式，孩子就不会只拿情绪来看问题。有很多父母也发现了自己的孩子情绪化，遇事不能进行冷静和客观地分析，但他们只是在孩子呈现出问题时才有这样的焦虑和担忧，殊不知是自己的行为输出带给了孩子丧失理性的评判。

例如，遇到以下事情的你，会如何进行评判呢？

> 姐姐头一天非常认真地把客厅打扫了一遍，第二天，妹妹也打扫了一遍，但是没有姐姐打扫得干净，你会如何表达？再附加一个条件，如果妹妹非常小，只有两岁，她拿着个笤帚随便划拉了两下，你又会如何表达？

你会不会对妹妹说："你真棒，都学会扫地了！"这就是非常不客观的表达，因为这和"对事不对人"一点关系都没有，完全是一种个人情绪下的评判。父母在面对两个孩子时，都是用情绪来驱动自己的言行，那么孩子学习到的也是不理性和不客观的评判方式。

　　如果父母在处理两个孩子的问题时，一直都是"对事不对人"的态度，那么孩子也会"复制"这样理性的思维方式。在面对父母对自己提出的批评或者建议时，孩子首先想到的是我自己哪里做得不好，而不是父母在挑我的毛病或者父母不喜欢我等等。

　　孩子这种理性的思维方式也会放在两个孩子的相处过程中。

　　　　欣欣有一天给正在出差的爸爸发了一条信息，大致内容是希望爸爸回来的时候可以给自己买一个毛绒玩具。这时被妹妹看到了，妹妹就对欣欣说："姐姐，你这么跟爸爸说不合适，他在外面的工作特别忙，根本没有时间去买玩具。"姐姐想了想，觉得妹妹说得很有道理，就撤回了刚刚发给爸爸的那条信息。

　　欣欣为什么会认为妹妹说得有道理，而不是认为妹妹不想让爸爸给自己买或者认为是妹妹自己也想要等其他原因？因为孩子们都具备理性的思维方式，所以不会随着个人情绪而对事作出非理性的评判。这不正是很多父母希望孩子具备的素质素养吗？那这种素质和素养要如何"习得"呢？答案就是父母要首先具备这样理性客观的思维方式。

第六章

从高维视角
看二胎教育

一个有觉悟的老大，会因为把苹果让给弟弟或者妹妹而感觉到有价值感；一个懂感恩的老二，会因为把苹果留给哥哥或者姐姐而感觉到有幸福感。作为两个孩子的父母要抛开"苹果"的表象，站在人文视角去处理有关"苹果"的事宜，这才是良好的教育、优质的教育。

Part 1
固有思维方式带来的认识盲区

老二的出生一定是来抢老大手里的那个苹果的吗？他有没有可能是来为老大洗苹果、削苹果，甚至是再送一个苹果的人呢？

No.1
父母有怎样的认识，就会传递给孩子怎样的信息

有很多妈妈在看到身边朋友要生老二时，就会对朋友说："生了老二，可不能对老大不好哦。"然后在自己要生老二的时候发现，朋友也是这么劝诫自己的。这里面所包含的意识信息是默认了老二的出生会分走爸爸妈妈的爱以及关注。

那为什么不能给老大另外一个视角呢？本来一个孩子在家没

有什么好玩儿的"玩具"，也没有什么价值感，现在爸妈不但送给老大一个可以陪你玩的好朋友，而且这个好朋友还特别崇拜你，把你当偶像！走到哪里都是一句："我哥（我姐）是最厉害的！"这样一个"小跟班"你要不要？

所以，我们有怎样的认识就会传递给孩子怎样的信息。不仅仅是人，即便是同一个事物带给不同人的体验也是不同的，我们为什么要把视角局限在同一个方向上呢？

在你开心的时候，苹果是甜的；

在你委屈的时候，苹果是酸的；

在你痛苦的时候，苹果是苦的……

我们不能在单一视角下为苹果下定义。我们的思想需要解放，思路需要打开，思维维度需要提升。

解放一下思想1

我以前教过一个学生，父母在她上初中的时候离婚了。她上高一时，新班主任了解到她是离异家庭的孩子，就把她叫到办公室，对她说了一番话："亚丹，你有什么困难尽管跟老师提。老师家离学校很近，哪个周末你有时间了到老师家里来，咱们包饺子吃。我听说你爸去美国了，你妈现在一个人在家里带着你……不过没关系，都过去了，以后你有我了！"老师说完，亚丹委屈地哭了一节课。到了第二节课，她突然意识到：我为什么会哭一节课？爸妈离婚前家里天天鸡飞狗跳，我也是终日不得安宁，现在爸妈虽然离婚了，但大家的日子都变得相对平静稳定了。他们依旧是很好的朋友，依旧各自都在尽心尽力地陪伴着我，呵护着我的成长，我为什么会感觉到委屈呢？

答案是：老师认为离异家庭的孩子都是非常可怜的，所以亚丹被老师的情绪感染到了，进而进入了委屈的情绪。

关于父母离婚，我们在想到孩子时，大概会关联上"伤害""可怜""无依无靠"等这样的词汇，但是不是也有"平和""平静"这样的可能性呢？如果我们总是把"可怜"这样的标签贴在孩子身上，即便他已经过上了相对平静的生活，也会被身边人拉入到委屈的情绪里。

这个故事对大家是不是会有一些启发？我们继续解放一下思想。

解放一下思想 2

假如你的朋友到家里来做客，他给你的孩子准备了一款玩具，你的孩子非常喜欢，拿到玩具后二话没说就回房间里研究去了。这时你会如何诠释孩子的这个行为呢？

"你怎么那么不懂礼貌？连个谢谢都不会说？"这时你

的朋友会以怎样的视角来看你的孩子呢？

　　假如你看到孩子二话没说就拿着玩具回房间研究了，这时你转向你的朋友说："你送的东西太贴心了，他太喜欢了，迫不及待地开始研究了，真是谢谢你，这么了解孩子的喜好！"这时，你的朋友又会以怎样的视角来看待你的孩子呢？

　　同样是"拿到礼物忘记说谢谢"，我们父母的解读决定了他人看待孩子的角度。很多事情本身是没有什么属性的，就看我们做父母的如何去关联和链接了。

解放一下思想 3

　　有的人很讨厌雨天，因为他觉得雨天很阴郁；有的人很喜欢雨天，因为他觉得雨天很浪漫。"雨天"有什么属性呢？就看你和它被怎样的情绪链接罢了。

　　如果你和你的恋人在雨天有一次疯狂争吵，那么你一想到雨天，过往的那些不美好的情绪就会蔓延；如果你和恋人在雨天有过一次浪漫的约会，那么未来的日子听到雨声就会觉得幸福、温馨，体会到爱的味道。

　　所以即便是我们以往认为不美好的事物，只要它被链接了美好的情绪，对于"故事的主人公"而言，那就是美好的。

以上三个故事有没有让我们的二胎父母们有一些启发？一件事情本身是没有什么特定的属性，就看我们做父母的链接了怎样的情绪给孩子。淋雨的感觉是美好的还是不美好的？打针的感觉是美好的还是不美好的？写作业的感觉是美好的还是不美好的？有个弟弟或者妹妹的感觉是美好的还是不美好的？

有的父母或许会认为"我也是这么做的"，在老二出生前也会跟老大交流。例如，爸爸妈妈又给你找来个伴儿，弟弟或妹妹是会像爸爸妈妈一样爱你的，等等。话语是类似于以上的表达，但真实情绪是怎样的，我们的二胎父母还需要验证。如果内在的真实情绪并非如此，那么老大获得的真实感受依然是"这个孩子的出生是来分享爸妈对我的爱的。"

No.2
"爱会减半"的概念来自哪里？

如果爱会减半，我们上上辈、上一辈的家庭拥有七八个甚至十几个孩子，那么父母的爱在被减半再减半之后，家里的孩子就渐渐感受不到父母的爱了吗？如果是学校里的老师，整个班的孩子都会处于一种关爱缺失的状态下吗？

如果真是如此，那么是不是关于"爱的泛滥"以及"爱满则溢"这样的表达便不会存在。

我小时候养过两只小兔子，有一天放学回到家里发现两只变成了七只，兔妈妈生了五只兔宝宝，那时候我有一个特别强烈的感觉，我对它们的爱还有责任感都翻了好几倍。

我想大多数二胎父母应该也是这种感觉，看到两个孩子出现在家庭里，爱和责任感都会翻倍的。

第二个孩子的到来，会给老大带来更多层面的不同感受。对比一下，原来的三口之家——爸爸妈妈和孩子（老大），老大能有什么价值感？能有什么可以具体体现自己强大的载体？现在这个载体来了，老二需要哥哥帮着拿个玩具、倒个水，甚至摔倒了需要哥哥把自己抱起来。这种价值感的体会，是在原来的生活条件下很难具备的。例如：老二口渴了，踮着脚尖半天够不到水杯，老大过去一把拿过水杯递给他。老二虽然一句话没说，但是递过去一个崇拜的眼神给老大！这时候，老大的价值感是不是油然而生？除此之外，还有责任感的建立。

　　我身边有一位二胎妈妈，她家的两个孩子年龄差距有点大，老大十二岁，上初一，老二只有三岁。由于这位妈妈和自己的爱人工作都比较忙，周末经常加班，老大就主动承担起了周末照顾老二的责任。有一个周末，妈妈在单位加了半天班。中午回到家，刚进门就听到姐姐在对妹妹说："吃完饭你就去睡觉，睡醒了姐姐带去楼下滑滑梯。"

　　这时妈妈走过去对她们说："吃饭呢？"

姐姐回答："嗯，我做了面条，妈，你要吃点吗？"

妈妈："不了，我在单位吃过了。"

姐姐说："那好！对了，妈妈，你下午买点鸡蛋和蔬菜吧，我看冰箱里不多了。"

妈妈："好的好的。"当时我感觉姐姐瞬间就长大了。

如果以上描述的价值感、责任感大家能有体会，那么还有很多其他感受老大老二将会同时获得。例如，与人相处的分寸、与人相处的感觉以及与人相处时考虑问题的层面等等，这些都是独生子女家庭的孩子很难被满足的人生体验。

但这一切美好感受又要建立在另外一种思维方式下，那就是老大老二是一个整体而不是独立的个体。

思维视角的"分"与"合"

我们以往看待二胎的思维视角是以什么样的态度面对老大，以及以什么样的视角面对老二？一个苹果该怎么分才能让老大老二都认为公平；一件事情怎么做才能让老大老二都觉得合理。这种"分"的思维方式造成了两个孩子都无法体会"合"带给每个人的美好体验以及能力提升。

197

父母在"分"的思维方式下，不仅限制了老大的能力，让老大无法走向老大应该具备的价值感与责任感，而且对老二的能力以及思维方式的养成也是一种非常不利的影响。

在"分"的意识条件下，父母会无形地想要评理，想要判个对错，断个输赢，说个谁占上风。而在"合"的意识条件下，父母会无形地认为：那是你们的事情，你们两个的事情不要来打扰我，"那是你哥""那是你妹"……诸如此类的想法以及表达方式会在一种"合"的视角下源源不断地抒发。

父母站在"合"的视角下，才能让两个孩子感受到，以后面对社会的时候，父母不可能为你们保驾护航一辈子，但你们是可以所有事情都作为一个整体来共同面对的。父母只有在这样的视角下，两个孩子之间的关系才能越来越好，因为不管是本能的血浓于水，还是这种视角下的整体感觉，都会让两个孩子通过"抱团"来思考和解决问题。

Part 2
从二胎教育看分"苹果"的人文艺术

父母关心的问题是：苹果该怎么分？而两个孩子关心的问题却是：父母在情绪和情感层面更倾向于谁，更在乎谁。父母和孩子的关注点不同造成了一个苹果无论怎么分都很难同时满足两个孩子的需求。情绪决定了一个人的思维方式，如何满足情绪需求是"分苹果"的核心，而"分苹果"和苹果本身却没有必然联系。

No.1
每个人的关注点往往不在苹果本身

假设二胎之间要分的是一个苹果，苹果要怎么分和表象上的公平不公平没有必然联系，和每一个人的内在感受却有直接关联。

苹果即便被分配得很平均，两个孩子会认为很公平或者很满足吗？答案是：不一定。这就是人的复杂之处，人不是通过表象的道理来对事物进行评判，而是通过内在感受来进行的。

一个苹果即便分配得再平均，哥哥也有可能会认为："你没出生之前，这个苹果就是我的！"而老二也有可能会认为："哥哥比我大，他为什么不让着我，把他的也给我呢？"有关人的核心，是内在情绪的满足，而不是表象物质的满足。

人与人之间的互动，评判标准是感受层面的美好不美好，而不是物质层面的公平不公平。老大会去争这个苹果，可能争的是父母对自己的关注和认同度；老二会去争这个苹果，可能争的是父母对自己的关爱和满意度；一个有觉悟的老大，会因为把苹果让给弟弟或者妹妹而有价值感；一个懂感恩的老二，会因为把苹果留给哥哥或者姐姐而有幸福感。

不管两个孩子想要的是哪种内在感受，苹果都只是一个载体，一个情绪互动的载体，一个了解父母态度的载体。作为两个孩子的父母能够抛开"苹果"的表象，站在孩子的感受层面去处理有关"苹果"的事宜才是良好的教育、优质的教育。

No.2
有关"苹果"的分配和评判体现的是对人的选择

苹果怎么分、分给谁，往往体现出的是父母在意识层面对人的选择。选择便有选择的道理，所谓的道理，只是对选择的一种支持罢了。

关于分配：把仅有的一个苹果分配给哥哥或者弟弟

选择弟弟的父母会认为哥哥应该让着弟弟，老大让老二是天经地义；选择哥哥的父母会认为弟弟应该尊敬哥哥，孔融让梨的故事弟弟应该效仿。

关于评判：弟弟吃掉了本属于哥哥的那个苹果

选择弟弟的父母会认为不就是一个苹果嘛，明天我再买就是了；选择哥哥的父母会认为那是哥哥的苹果，弟弟不应该没有经过哥哥的同意就把它吃掉。

对于两个孩子而言，他们捕获的可不是表象的"苹果"给谁吃的问题，而是父母在意识层面选择了谁。只要父母参与到分配和评判当中，就会有自己的选择，就会造成三方面的不利影响。

1. 对两个孩子内在关系的影响

没有被选择的那个孩子会认为父母偏心，进而把对父母的不满情绪嫁接到那个被父母选择的孩子身上，两个孩子之间的关系便会因为父母的选择而变得疏远或对立。

2. 对两个孩子思维和行为方式的影响

没有被父母选择的那个孩子会处于安全感缺失的失落状态，在这种状态下的孩子，往往会有一种"自保"情绪，进而形成较为悲观或消极的思维方式。

而被父母选择的那个孩子会渐渐感受到父母做选择的"规律"，那么这个孩子的思维便会被局限，局限在能够成功"引领"父母站在自己阵营的小情绪里。

3. 对父母核心权重的影响

由于父母的选择会让一个孩子不服，所以在这个孩子的意识层面父母的权重肯定是要降低的；而对于另一个孩子来讲，由于父母的选择符合自己意识层面的预判，所以父母的权重也不会高。

No.3
跳出思维局限，不在现有条件下做选择

只要父母参与到两个孩子的互动中，便会下意识地做出选择，这是每个人用思维无法控制的。那么跳出"二选一"的思维局限，

站在更高维度把两个孩子当作"一个整体"来对待，不是不让自己做出选择，而是让自己"没得选"。

一个苹果放在那里，你们拿去分吧；一个苹果切成小块，你们拿去吃吧；一个苹果榨成苹果汁，你们拿去喝吧……智慧的父母不会参与到两个孩子的互动中去，而是要让他们自己学会判断和选择。

假如弟弟跑到父母面前告状说哥哥吃了他的苹果，父母可以从宏观角度下做出一个"决定"：既然苹果引发了冲突，那以后就不买苹果了。这时，大家感受一下兄弟二人会得到什么信息？有很多！例如：这样的事情两个人商量着解决就好了，为这样的事情发生分歧，大家都没有苹果可吃；还有，别大事小事都跑到爸妈那里去告状，这是咱们兄弟二人的事情。

这是父母最想看到的结局——两个孩子是一个整体，并且训练了他们的分析和判断能力。

No.4
父母的重要作用是把两个孩子往同一"战壕"里推

如果父母"不对人进行选择"和"不介入分苹果事件"的处理方式还没有让两个孩子回到"血浓于水"的自然状态，那么父母就要把两个孩子的感受往一块儿去推动了，大家可以通过以下

对话找找感觉。

> 弟弟正在请求帮助："妈，我想吃个苹果。"这时候做母亲的可以这么回答："嗯，行，找你哥要去吧，他知道在哪儿。"
>
> 哥哥："妈，我弟又把苹果皮吐得满地都是。"
>
> 妈妈："你是他哥，你看着处理吧，你也真是的，不好好管管你弟，居然让他把苹果皮吐一地。"
>
> 弟弟："妈，我有两道题不会写！"
>
> 妈妈："找你哥去，让他教你。"
>
> 哥哥："妈，我其实也不太会。"
>
> 妈妈："行吧，等我忙完这点工作，帮你弟看看。"

大家有没有从以上对话中找到一点感觉，是把两个孩子往对彼此更信任和更亲近的关系中去推动，是一种"合"的感觉。

No.5
必要的评论和评价需要满足两个条件

常规状态下，二胎家庭的父母不对人和事进行选择和评判，但在必须要进行评论和评价时需要满足两个条件：

> 1. 两个孩子无论是老大对老二付诸了该行为，还是老二对老大付出了该行为，父母的评判方式是一致的。
>
> 2. 即便是代入了身边两个和自己没有血缘关系的普通人后，父母的处理和评判方式也是一致的。

以上的两点验证是为了保持父母处理问题的客观性，简而言之，父母处理问题的方式和是不是自己的孩子没有任何关系。

例如，老二要跟老大一起出去玩儿，老大是同意的，但真正要出门时，老大以让老二进房间拿个苹果为由一个人单独离开，以至于让老二独自在家里委屈得哭泣。

这时父母可以做出这样的分析："你自己代入和感受一下，你用这样的方式对待你身边的任何一个朋友，对方会不会委屈？对方以后对你的信任度会不会降低？还有，你能过得了自己那一关吗？如果我是你，我可以接受直接告诉弟弟不带他去而导致了他的伤心和难过，但是我接受不了自己是一个不信守承诺的人！"

父母做出这样的客观分析就可以了，这不是"对人"只是"对事"，以上对事情的分析，放在任何一个人身上，父母都会这么表达的。这种表达会让孩子感受到父母的客观，这时孩子如果能认识到自己的失误，那么这种认识是真诚的、深刻的，不带有其他情绪色彩。

但这里要注意，父母只是分析而不是要求："你看你错了，去向弟弟承认错误。"这种做法又代入了我们个人的选择，我们只是分析，但不做任何评判和要求。两个孩子之间会有特定的相处方式来消化掉这次小小的不愉快。

从权重角度来讲，由于父母的分析是极其客观的，这种做法会得到两个孩子的尊重，更会赢得他们内心的信服和尊重，而这就是权重。

对于"苹果"的分配问题，首先，父母坚持的重要原则是"不选择、不介入"，这是一个正确的教育方向；其次，我们的行为输出是有一个大方向的，那就是把两个孩子的关系往更亲密和更紧密的方向去推动。如果在这个过程中有需要我们进行分析和梳理的环节，那么我们要作为一个客观的局外人来进行分析和评判，但不提要求也不给出具体的处理方法，让两个孩子以他们独有的方式来缓解和处理问题。

Part3
从核心视角看二胎教育

妈妈圈里一直存在三种比较"风靡"的解决二胎矛盾的方法，分别是：

> A. 把分配的问题都交给老大，慢慢地，老大便会有老大的样子。
>
> B. 由于之前批评老大比较多，现在只要两个孩子之间发生矛盾就批评老二。
>
> C. "放手""不管"，让他们自己去解决自己的问题。

妈妈们在积极地尝试、实践之后，大部分都被泼了冷水，为什么这些看起来很有道理的方法，实施起来却不见效果呢？

教育是一道复杂的数学题。首先，由于每个家庭的家庭氛围不同，每个孩子的属性和现阶段状态不同，以及每位家长的属性和思维方式不同，"别人家孩子"的经典教育案例即便是再成功也很难复制到自己孩子的身上。所以直接复制，本身就特别容易导致一个很高的失败率。

其次，我们看问题要看核心。人的核心是情绪，关于人的问题我们要把它还原到情绪层面去判断和处理。站在这个视角下，我们来看一看那些比较盛行的教育方式，为什么会渐渐丧失掉二胎父母对它们的青睐呢？

A. 把分配的问题都交给老大，慢慢地，老大便会有老大的样子

现在社会上有一种普遍的做法，那就是在面对"苹果"分配这个问题时，把"苹果"都交给老大，让老大来负责分配，这样老大慢慢地便会有"老大"的样了。但很多家长在这么实施之后给出的反馈却是：我已经在很长一段时间里把"苹果"都交给老大分配了，但最终他也没有拿出老大的觉悟把"苹果"分给弟弟妹妹或者让给弟弟妹妹。

这个问题需要从以下两个方面来思考：

第一，在自然状态下，血浓于水是天性，但现在家里的两个孩子是处于这种自然状态下吗？

我们很多家长模拟了一个把"苹果"交给老大分配的表象，这时，老大就能站在老大的位置上考虑问题了？还是他就可以让

着弟弟妹妹了？即便是可以，这其实也是一个很小的概率。由于父母之前的"选择"已经让老大处在一种争宠的情绪里了，所以他在拿到苹果时会首先满足自己，而不是考虑弟弟妹妹有没有获得。

虽说血浓于水是天性，但由于我们父母之前没有"老大是一种觉悟而不是一种要求"的概念，所以导致老大已经不在一种自然状态下，在他的内在还没有被满足之前，父母希望他能够"分苹果"或者"让苹果"的行为是不会产生的。

第二，父母把"苹果"交给老大分配的真实情绪信息是什么？

我们在和孩子进行任何互动行为之前，首先需要用Before式的思维方式来验证自己真实的情绪是什么，行为的出发点是什么？我们把"苹果"交给老大分配的原因是：

1. 信任老大，把这些事情交给老大去负责和处理。

2. 把"苹果"交给老大，是为了让老大把苹果分给或让给老二。

3. 从表象上证明自己是把分配权交给老大的。

如果父母把"苹果"交给老大的情绪是第2种：我都把"苹果"交给你了，你为什么还不把它分给或让给老二？这时，不但老大不愿意让，而且还会由于父母的目的性太强，使他更不喜欢老二，从而在这种情绪下拉远了与老二之间的关系。

如果父母的真实情绪是 3，那么老大捕获到的真实信息是：真正的分配权还在父母手里，他们并不是真正的信任我。

一个人会产生怎样的外在行为，是各种环境信息同时作用下的一个必然结果，如果我们期望的某种行为没有出现，那么应该从过程中去寻找原因，找出信息传递不够精准的步骤和环节。

B. 由于之前批评老大比较多，现在只要两个孩子之间发生矛盾就批评老二

"由于之前批评老大比较多，现在只要两个孩子之间发生矛盾就批评老二"，能够想到这种教育理念的父母，往往也能够想到"由于之前表扬老二比较多，现在只要老大表现得稍微好一点就表扬老大"的教育理念。

我们暂且不去评论这些教育理念的科学与否，用 Before 式的思维方式去还原为什么会有人想到要用这样的理念来解决问题？那么答案只有一个，就是他发现了自己更喜欢的那个孩子是老二，所以希望用这样的方式来平衡自己在之前的教育过程中所引发的失衡，这是产生这种想法的核心原因。

这样的理念能不能解决问题呢？我们来还原一下父母这么做（由于之前批评老大比较多，现在只要两个孩子之间发生矛盾就批评老二）的真实情绪信息是什么：

> 1.之前批评老大比较多，现在通过多多批评老二来证明自己是公平的。
>
> 2.批评老二是为了给老大看的，以弥补之前对老大的不客观评价。

如果父母验证出这么做的真实情绪信息是1，那么就会让老大确定了父母之前的做法是不公平的，父母批评老二的次数越多，程度越深，就越加强了老大对这一点的认识，使得父母降低了在老大意识层面的权重。

如果父母验证出这么做的真实情绪信息是2，那么除了会让老大捕获到父母之前的做法是不公平的（否则也不需要用这种方式来弥补自己），而且还会让老大产生对老二的不良情绪（如果不是由于你的存在，父母也不会像之前那样对我）。当然，也会让老大对父母之前的做法感觉到失望，从而大大降低了父母在老大心目中的权重。

这就是很多家长反馈这种方法实施起来却不见效果的原因。老大不会从父母这样的做法当中获得任何美好感受，包括"只要老大表现得稍微好一点就表扬老大"，如果老大捕获到这种"表扬"是一种弥补，那么他会更加不接受父母的行为输出，因为弥补说明父母已经感觉到之前的做法是亏欠老大的。所以这些做法，无

论是批评老二，还是表扬老大，都无法缓解两个孩子之间的矛盾，反而会因为父母的加入而使矛盾加剧。

C. "放手" "不管"，让他们自己去解决自己的问题

现在社会上还有一种普遍的做法，那就是在面对老大老二为一个"苹果"而发生争执时，父母要学会放手，让他们自己去解决自己的问题。但往往结果是争抢愈演愈烈，最后一发不可收拾，或者像这样的事情每天都会上演，感觉永远也不会终止。

有"放手"想法的父母首先问自己一个问题："放手"是真的放手，还是假装放手？

很多父母一边想着满足"不管"的表象，一边下意识地去关注……他们已经争了十五分钟了，老大还不打算让着老二；如果再这样下去老二就要哭了等等。真正的放手，父母是不知道发生了什么的。

无论表象是管还是不管，是放手还是不放手，孩子们捕获到的都是父母最真实的情绪信息，并且有了家长这个"观众"的存在，更会让两个人之间的"战争"不断上演。

其次，已经被原有教育方式拉远距离的两个孩子，是需要父母把他们往一个"战壕"里推一推的，否则各为战的两个人，即便是父母已经放手了，但他们还是属于不同的"阵营"，所以争执和矛盾还是会存在的。

通过分析和验证一些社会上普遍存在的解决二胎问题的方式和方法，我们会发现这些方法的共性是都太"表象"了。人与人之间的核心是内在的情绪互动，而不是表象上的批评、表扬，管与不管。把人与人之间的表象行为翻译成内在的真实情绪互动，那么我们就能够看清楚很多问题，也能够避免父母做的很多"无用功"，更能够避免"掩耳盗铃"这类的现象发生。

第七章

从二胎教育
看素质教育

素质是指一个人具备丰富且细腻的内在感受，素质教育是指建立优质内在感受的过程。二胎家庭如果成为社会普遍现象的话，那么社会整体层面的素质都将得到拔升，因为孩子们在互动过程中所具备的丰富感知和高维的思维方式，是提升社会整体素质水平的核心要素。

Part 1
什么是素质？什么是素质教育？

　　一个人没有感受过苹果分享给他人的快乐，就会认为自己吃下苹果是最快乐的；一个人没有体验过把座位让给他人的快乐，就会感觉自己坐着是最舒服的；一个人没有享受过为他人付出的快乐，就会觉得为自己谋福利是最幸福的……

　　一个人的行为是由什么来支配的？我们之前可能会认为是思维（大脑中的想法），而其实是一个人内在的感觉，这种内在感受的"美好与否"直接决定了一个人在环境中的思维方式和行为输出。

No.1
什么是素质

一个小男孩感受到穿姐姐的粉裙子会遭到大家嘲笑时，他便再也没有穿过姐姐的衣服，因为被嘲笑的感觉是非常不美好的；

一个小女孩感受到面对打针时的勇敢，获得了护士阿姨以及全病房哥哥姐姐们由内而外的称赞和佩服。从此，她便不再畏惧打针，因为被称赞是一种非常美好的感受；

一个学生放学后把教室打扫得一尘不染。第二天上课时，老师抬头看到后，抑制不住地露出了惊喜和惊讶的表情。从此，这个学生便热衷于把教室打扫得干干净净，因为被老师从情绪层面认同是一种非常美好的感受；

一个孩子在爸爸下班回家，躺在沙发上疲惫地睡去之后，他为自己的老爸煮了一碗面。老爸醒来看着眼前那碗热气腾腾的面条，微微点头并露出了感动和认同的微笑。从此，这个孩子开始不厌其烦地研究面条的做法、煲汤的方式等等，因为照顾家人的感受让他感觉很美好。

从情绪层面来讲，远离痛苦、追求美好是人的一种本能。假如现在我们每个人都享受于让座之后带来的美好，那么大家感受一下，社会上还会有"霸座"这种行为吗？

"让座的美好"不是一种身体上的享受，而是一种精神层面的满足。一个人如果从精神层面获得满足感的情绪多了，那么这个人的整体素质便提升了；如果每个人从精神层面获得满足感的情绪多了，那么社会的整体素质水平便提高了。

从以人为本的角度来讲，我们每个人做判断，做行为输出，都是以自我的感受为出发点的，谁更有素质，就看谁的感受能力更有包容性，更能融入环境。

拿请客吃饭来举例，有的人认为"自己不请客"是一种美好感受，因为这样可以让自己省一点钱；有的人认为"自己请客"是一种美好感受，因为这样可以让自己很有面子；还有的人认为"让想省钱的可以省钱，让想有面子的可以有面子"是一种美好感受，这样的人是以环境的美好作为自我的行为标准的。

再例如，在一个集体环境里，这里面有妈妈、孩子、老师等不同属性的人。可是你的手里却只有一个苹果，你会给谁吃？假如你体会过做母亲的不易，你就会把手中的苹果拿给妈妈；假如你体会过做孩子的委屈，你就会把手中的苹果拿给孩子；假如你体会过做老师的辛苦，你就会把手中的苹果拿给老师……假如你体会到了每个人对苹果的渴望，那么你就会把苹果切成块儿或者榨成汁，然后分享给每一个人。

这就是感觉和感知带给一个人的包容性和思维视角。当一个人的感觉和感知很匮乏的时候，"自我需求"就会摆在第一位；当一个人的感觉和感知很丰富的时候，"环境需求"就会摆在第

一位。后者的包容性更强，更能站在高维视角来考虑问题，我们往往把这样的人称为有素质、有涵养，因为他们能够给环境带来更多的美好感受。

什么是素质，对于很多人而言，这可能是一个非常泛泛的概念，而从感受层面来解释，它其实是非常具象的。素质是指一个人具备丰富且细腻的内在感受。

No.2
什么是素质教育

爱是一种内在感受，爱父母、爱家人、爱祖国、爱人民；责任感是一种内在感受，团队责任感、家庭责任感、社会责任感；信任感是一种内在感受，信任自己的朋友、家人、同事……包括各种各样的情绪，例如喜欢、骄傲、荣耀、尴尬、纠结、痛苦、愤怒等等，这些都是感知层面的内容。

感知层面内容的获取方式不同于认知。用醋来打比方，"醋是一种含有醋酸的调味品"这属于认知范畴，而喝一口醋所产生的酸的感觉属于感知。一个没有喝过醋的人，是无法通过文字的描述让其产生"醋酸"的感觉的，所以感知层面信息的建立过程和认知完全不同，也不是认知能够建立的。小到人与人之间的小互动、小情绪，大到我们的团队精神以及民族精神的建立，这些内在感受都不是通过表象的文字描述就能够具备的。就像我们上文中提到的醋，一个人在没有品尝过醋之前，你再怎么用文字去描述，对方也不可能理解醋是什么味道，只有你让对方品尝过，他才能对醋产生具体的感受和感觉。

感知的建立也是如此，一个人只有在环境中、情境下，才能全身心地调用多器官共同协作，来完成对一种感觉的获得。

例如，"害怕"是一种内在情绪、内在感受。一个人对另外一个人说"你害怕吧！"对方是无感的，因为他并没有感受到害怕是一种什么样的情绪。而如果在漆黑的夜晚把对方带入到无人的深巷呢？再或者把对方带到一座高层建筑顶端的边缘呢？这时，对方就切实地产生了一种情绪，叫作害怕。这便是感知的建立过程。

再例如，"爱"是一种内在情绪、内在感受。一个人对另外一个人说"你要爱你身边的人"，这个人很可能是无感的，因为他找不到爱的感觉。可如果他小时候有过这样的经历呢？一个人放学回到家发现父母还没有回来，自己在门口等了两个多小时，天都黑了，肚子也饿了，天气也越来越冷了……这时候邻居家的奶奶过来拉着这个孩子的手说："不等了，到奶奶家吃饭，吃完饭你爸妈还不回来，就住奶奶家！记住，以后你爸妈不在家，就直接到奶奶家来，奶奶家里永远有人，永远给你留门！"这时候如果你是这个孩子，你会不会爱你邻居家的这位奶奶呢？你会不会带着这种情绪去爱身边的人呢？

　　我们再来看看"爱父母"，一个孩子如果在成长的过程中感受到自己的父母就像大树一样为自己遮风挡雨，呵护着自己的成长，那么这个孩子会获得怎样的感觉？当这个孩子在环境中紧张、尴尬、难为情的时候，自己的父亲站出来帮自己解围，他又会获得怎样的感觉？当这个孩子疲惫、委屈、心力交瘁的时候，自己的母亲出现在面前，宽慰自己，安慰自己，他又会获得怎样的感觉？假如你还是个孩子，你是否期待拥有这样的父母？假如你的父母为你做了这些，你怎么可能不爱他们，怎么可能不孝顺他们？不仅孝顺，而且还会散发着一种由内而外的尊重。

　　还有很多有关"爱"的情绪，有的人爱上了教师这个职业，是因为自己在还是学生的时候，感受了太多老师给予自己的关怀和关爱，所以让自己也产生了一种追求和向往。在汶川地震中有一位幸存的女孩，她的老师为了救她和她的同桌，生命永远定格在了 2008 年 5 月 12 日那天。这个女孩在长大后也成为了一名人民教师，她在接受采访时哽咽着描述道："那个时候是初三，老师在外面喊我们往外跑的时候就已经晃得特别厉害了，然后我本来已经快到教室门口了，但是我同桌不是摔倒了嘛，我就转身去拉他，我去拉他的时候晃得完全站不起来，我俩都摔到地上了。然后我老师从教室外头回来了！我不知道她转身的那一瞬间想的是什么（她本来可以离开的），她回来把我们拉起来了，然后我们（我和同桌）就一起往教室外面跑，我们刚跑出教室左拐，楼就塌了……我老师就……在教室里面因为没有支撑……"

这位汶川女孩感受到老师对学生、对教师这份职业深沉而执着的爱，所以在她成人之后继续把这份爱传递着，"长大后我就成了你"就是老师生命的延续，精神的延续。

一个人有了爱的情绪，才能去爱身边的人；一个人有了责任感，才能够有担当，才能为家庭、为社会作出自己的贡献；一个人只有有了民族感和爱国情怀，才能有"为中华之崛起而读书"那样的气魄！

一个人只有拥有了丰富的感知，才能有素质，有涵养，有血性，有魄力，有民族情怀，有爱国精神，这些都是一个人在感知层面具备丰富感受之后的一种外在体现。

如果我们帮助孩子们建立了一系列优质的内在感受，那么他们的行为就会变得高尚、高贵起来！这个建立优质内在感受的过程，就是素质教育。

No.3
拥有怎样的内在感受就会引发怎样的外在行为

2020 年，湖北新冠疫情暴发后，汶川姑娘佘沙作为一名护士几次请战要去湖北支援。她请战的原因有三：第一，自己年龄小，如果不幸被感染了，恢复肯定会比年长的同事们快；第二，我没有谈恋爱，也没有结婚；第三，身为汶川人，我得到过社会各界的帮助，如果我有机会能够去前线出自己的一点力，我一定义无反顾！

她还说过一句很朴实的话来诠释自己请战的原因："因为我和其他护士不一样，我是汶川人呀！"

每个人的行为方式都是受内在感受驱动的，佘沙作为 2008 年汶川地震的幸存者，见证了全国各地人民对灾区的无私援助，这让她产生了触动内在的想法："当时我们那儿的房子全部都倒了，只剩一片废墟，我看见很多医护人员救治伤员……很多人都帮助过我们，那么需要我们去帮助别人的时候，我们肯定也会义无反顾地去帮助别人。"

我们会在某种环境中，某种情境下被触动，这种由于触动所带来的内在感觉就是感知，在感知的作用下，我们又会产生与之相匹配的行为。

有的人被自己的老师感动过，他便立志要做一名优秀的教师；有的人被救死扶伤的医护人员触动过，那么这个人便也走向了治病救人的道路；有的人被身边某个人的高贵行为触动过，那么这个人便拥有了高贵的内在，在环境中也有了得体的行为；有的人被一部具有爱国主义情怀的影视作品所触动，那么他便产生了一种叫作"爱国"的情绪，立志要忠于自己的祖国，报效自己的国家！

当"爱祖国""爱社会""爱人民""爱父母"……成为很具体的内在感受，而不只是认知上的一些词汇时，一个人的外在行为才会随着这种内在感受而改变。当一个人具备丰富且优质的内在感受时，这个人的外在行为就是有素质的、有涵养的、高级的、高贵的！

由于我们之前没有找到素质以及素质提升的核心，所以导致了很多孩子在感受、感知层面的匮乏，甚至造成了我们整个社会层面的匮乏。等我们的孩子长大了，成为社会主体的时候，他们之间的互动层次就决定了我们整个社会的素质层面。

做子女的只有感受到了父母的艰辛与付出，才会懂得感恩；做父母的只有体会到了孩子的委屈和无助，才能真正改变自己和孩子的相处模式；作为一名中华人民共和国的公民，只有体会到真正的爱国精神和民族情怀，才能不计个人得失，为祖国的繁荣与发展贡献自己的力量！

有素质有涵养，实际上是一种行为美学。在这种感受的影响下，我们对事物的追求不再是表象的、物质的，而是一种源自内

在感受层面的精神追求！当一个人超越了"物欲"对他的限制时，他便不再认为"苹果"只有自己吃了才是最"甜"的！他会享受于让更多人感受到"苹果的香甜"给自己带来的精神层面的满足感！这时，他便具备了更崇高的行为标准！这就是素质，这就是涵养，这就是行为美学！这就是我们倡导的精神文明建设！

Part 2
家庭教育与素质教育

从综合发展的角度来看，平衡好认知与感知之间的关系，才能促进一个人能力的全面提升。

从真正具备"高分高能""有素质有涵养"的角度来看，人需要在三个地方接受教育：社会、学校、家庭。在过往的教育认知下，这三方的教育职能是重合的。

在学校里强调的是学科类的学习；在家庭里强调的是学科类的作业；"双减"政策前，社会上强调的是学科类的补习和预习。三方没有形成相辅相成的教育合力，只是共同拔升了孩子的同一种能力，所以就造成了孩子在成长道路上的"偏科现象"。

一个孩子状态的平衡、感知力的建立和丰富属于家庭教育范畴内的职责；一个孩子的认知以及"德智体美劳"的全面发展属于学校范畴内的职责；一个孩子综合能力（节奏、思维、控制）

227

的提升归属于社会（校外）培训机构范畴内的职责。

　　三方职责的清晰划分，才会真正避免家校矛盾，才会真正使我们的下一代实现全方位的成长与发展。

No.1
良好素质与表象行为没有必然联系

　　家庭教育是素质教育的重要组成部分，家庭教育的主旨是丰富孩子的感知，感知的丰富才能造就一个有素质、有涵养的孩子。

　　在这里，我们父母首先需要了解，良好的素质与一个人外在的表象行为是没有必然联系的。例如，讲礼貌不是表象层面的问好、打招呼，而是内在真诚的互动。

　　接下来，我们代入自己的真实情绪去体会。现实生活中，有人对你说了一句"你好"，你一定会觉得很美好吗？相反，如果对方并没有说"你好"这样的词汇，而是对你会心一笑，难道你就一定觉得不美好吗？

　　从内在感受来体会，我们认为一个人有素质、有涵养，是指他的行为从感受层面带给了我们美好的感觉，而这种美好感觉和对方是否从表象上表达了一句"你好"没有必然联系。

　　我们在现实生活中是不是也会遇到这样的场景：同事带孩子到单位来了，在孩子面前出现的都是陌生面孔，这时孩子的妈妈还在给孩子施加压力："叫人啊！你怎么不说话？"一边对孩子提要求，一边还要把孩子往同事面前推一步。这时，即便孩子说了一句："阿姨好！"你会感受到美好吗？

在以往对素质和涵养的表象认识下，不仅孩子会产生困惑，往往连我们的家长也会产生很多困惑。

在有关素质教育的公开讲座中，曾不止一次有家长问出这样的问题："田老师，我带孩子在外面的餐厅就餐，有时候服务员面对我们的态度很不友好，这时，面对服务员所提供的'服务'，孩子也会问我们，他是否还需要说'谢谢'呢？"

孩子之所以会有这样的困惑，是因为他获取到的评判标准是表象层面的"服务"，而不是内在感知层面的体会。假如孩子获取到的信息是"当你感受到对方真诚、用心地为你提供服务时，你应该说'谢谢'。"如果孩子的评判是感知，那么他不仅不会有困惑，更不会因为无论对方怎么对他，他都以"谢谢"来回馈而变得麻木。一个麻木的人与素质和涵养是没有关系的。

但其实还有比这更糟糕的事情，那就是父母对孩子说："你没有感受到对方的不友好吗？"孩子的回答是："没有啊。"

感知层面信息的匮乏，导致了一个人在环境中无法客观地获取信息，更不要提作出符合环境的信息输出了。

No.2
通过情绪互动提升孩子的感知力

　　让一个孩子说出"开玩笑"这三个字是很容易的，可是如何让孩子捕获到"开玩笑"的情绪呢？让一个孩子说出"谦虚"这两个字也很容易，可是如何让孩子捕获到"谦虚"的情绪呢？在我们常规的教育认知下，对这些词汇的认知学习和辅导是家长们比较擅长的，但对于感受的传递，可能还是有些陌生。

　　认知是这些词汇的读法和写法，而感知是这些词汇在感受层面的具体感觉。一个孩子只有认知上对这些词汇的掌握，便是我们社会上所说的"高分低能"，一个孩子在认知和感知层面共同实现了对这些词汇的掌握，便是我们社会上所说的"有能力"。

　　家庭教育的主旨是丰富孩子的感知，那么我们便有责任通过情绪互动，让孩子们感受到这些词汇的内在感觉。

什么是开玩笑

　　　我们先拿来举例，有一些孩子"开不起玩笑"，是因为他们没有从感受层面捕获过一种叫作"开玩笑"的情绪，当一个孩子没有捕获到这种情绪之前，他会认为所有的表达都是"真实的"。

　　有一位幼儿园老师用很明显的情绪在逗一个小朋友："这个玩具，老师拿走了。"结果这个小朋友歇斯底里地喊叫，因为他真的认为老师要把他最心爱的玩具拿走。遇到这种情况，你从思维上告诉他"老师在跟你开玩笑"是没有用的，因为他并没有喝过这口"醋"，所以他不知道"开玩笑"是一种什么样的感觉。这些问题的产生都源于感知能力的缺失。

一个人在感知层面没有被写入过某种情绪信息，那么在这种信息出现时，便很难体会。就像在认知层面的汉字一样，假如我们不认识"开玩笑"这三个字，那么当这三个字出现在我们面前时，要么是茫然的，要么是无动于衷的。

家庭教育是素质教育的重要组成部分，素质教育是往感知层面写入丰富情绪的过程，这个写入的过程源自情绪互动。这也是感知在获取上与认知获取的不同之处。孩子只有获取到开玩笑的情绪，才能在意识层面写入这种感受信息。

　　一个小女孩妞妞，因为邻居阿姨开玩笑，说要拿走她的一个玩具而掉眼泪，这时候妞妞的妈妈告诉妞妞："你还记得你上次在幼儿园对你的好朋友朵朵说我一定要抓住你吗？你真的是为了抓住她吗？只是一种逗着玩而已，你再想想邻居阿姨对你的感觉和你对朵朵的感觉是不是一样的？"

我们可以通过让孩子代入自己输出过的类似情绪，去感受什么是"逗着玩儿"或"开玩笑"。我们还可以用非常明显的两种外在情绪让孩子去对比和感受。第一种，真正没收她的玩具；第二种，用很明显的开玩笑的情绪说要拿走她的玩具，但逗了她一会儿，又把玩具放下了。然后让她从感受层面去对比，真正的开玩笑是哪一种。我们先让孩子从感受层面有所体会，然后再告诉她认知层面的名字，予以对位。

一个人在感受层面的词汇多了，才能感受到环境中正在发生着什么，也才能"有感而发"地作出符合环境的行为输出。

什么是谦虚

有一位老师曾经问过我一个问题："田老师，我能明白我们两个工作之间的差别，我善于认知层面的教学，您善于传递给孩子不同的感受。但是我也尝试着传递谦虚的感觉给孩子们，可为什么感觉总也不对呢？我告诉孩子们，谦虚就是不能夸大自己的能力或价值。结果上周我们的一个学生跟我说他很谦虚，数学才考了 60 分，还需要继续努力啊！我知道他认为自己并没有夸大价值，但这种谦虚的感觉也是很不对的。"

谦虚这种内在感觉的具备是一种对比的产物。它需要满足两

232

个必要条件：第一，具备真正的能力；第二，不夸大自己的能力或价值。我们往往在教育孩子的时候，只是强调了后者，所以孩子传递出的感觉往往不是谦虚，而是实事求是。

一个孩子数学考了六十分，他形容自己还需要继续努力，这不是实事求是是什么？但如果一个孩子数学考了一百分，他如果还是这样形容自己，那我们是不是就感觉到这个孩子的谦虚了？

所以谦虚这种内在感知的建立，需要站在哲学视角下去体会，这种感受存在的必要条件是什么，这样才能真正地让孩子优秀起来，变得强大、有能力，而谦虚是具备了优秀的内在后，才能具备的一种内在感觉。

假如你是当地有名的歌唱家，那么当朋友提起你的歌唱水平是如何精湛时，你的回答是怎样的，是不是也要谦虚地说一句："哦，没有，没有"；假如你是当地很有名的教师，那么当朋友提起你对学生是多么认真负责时，你是不是也会谦虚地说一句："哦，应该的，这都是我应该做的"。

大家体会到什么是谦虚了吗？是他人对你有很高的内在评价时，你展现出的一种低调的态度。所以让孩子感受到谦虚的基础条件是有能力。

No.3
感知力匮乏所带来的问题

　　一个人想给环境带来美好，是需要有感受的。在任何一个环境，我们该如何表达，如何输出自己的行为，都是需要用感受去评判的。一个人没有感知力，那么他的人际一定不会太好，因为他会给人一种做什么事情都不合适的感觉。而孩子没有感知力，便不知道如何与自己的朋友、同学以及老师相处。

　　举个例子，现在越来越多的孩子在上小学后，对"老师"没有感受层面的识别。因为他在上小学前会称呼很多人为"老师"，例如，理发店的美发师、玩具店的售货员，所以当一个孩子上小学后，他虽然也称呼站在讲台上授课的那个人为"老师"，但他并不能从感受层面区分这个老师与他入学前的其他"老师"有什么不同。这样的"识别障碍"就会造成他不遵守课堂纪律，不听从老师的安排等问题。但这不是他主观判断下的行为输出，因为对于每个人而言，都是凭借感受来输出行为的，他对老师的"识别障碍"不支持他输出与课堂相匹配的行为。

　　那么作为孩子的父母，在家庭教育当中应该如何给予不同的情绪信息，才能让孩子在各个环境都能输出与环境相配的行为呢？答案是以不同的角色跟孩子互动，让孩子在跟我们互动的过程中，找到与不同"人物角色"进行互动的感觉。

例如，当我们以朋友的角色和孩子进行互动时，他不把玩具分享给我们，我们是会生气的。这种生气不是假装生气，而是真实的、入戏的，就像我们小时候和朋友相处的感觉是一样的。这时候孩子捕获到的情绪信息是：原来不分享玩具，朋友会生气，会不高兴。这个时候，他会根据对方的情绪以及自我需求来对下一步的行为进行评判，这种判断基于他从情绪层面捕获了多少对方的情绪信息。这种互动是情绪层面的，既提升了孩子的感知力，也训练了孩子的自我判断能力，这种情绪是真实的朋友之间的互动，那么他相当于在真正交朋友之前，进行了"演练"。

再例如，我们还可以以老师的角色跟孩子互动。在教他读书或者画画的时候，我们首先进入的是老师的情绪，整个人端坐在书桌前，进入不苟言笑的状态，让他从感知上捕获到妈妈的状态不一样了。只要孩子捕获到这一点，他所有的行为输出也会随之改变。

为了加强孩子捕获人物信息以及自我进入感受状态的效果，我们可以为孩子起不同的名字，帮助他找到与我们之间的互动关系，以及在那种关系下应该具备的状态。

我说一个大家都很有感觉的场景，那就是在你小的时候，你父母生气了会喊你什么？是乳名还是全名呢？是不是立刻在脑海里就有画面了，在你父亲或者母亲很生气的时候，一般都会直接喊你的全名！而你也会通过喊你的名称判断父母现在是在什么情绪里，以及你自己应该进入什么样的状态。所以我们现在把这个理论逆向使用，通过给孩子取不同的名字，让他来判断我们所处的情绪，以及他应该站在怎样的关系下跟我们进行互动。

例如，一个男生，名叫王梓涵。父母以朋友身份出现的时候，就喊他"梓涵"；以老师身份出现的时候就喊他"王梓涵"；以父母身份出现的时候就喊他"大涵"，让孩子通过明显的姓名标签，调用相应的情绪和父母进行互动。

一个严重缺乏情绪互动的孩子，他几乎无法从环境中获取信息，当然自己的行为输出也是和环境格格不入的。医学上，把孩子的这种症状称为"自闭症"；而从情绪互动的角度来看，这是典型的"情绪获取障碍"。

No.4
用情绪互动拔升孩子的维度

如果你的孩子马上就要成为一名少先队员，他戴着新配发的红领巾，从学校回来就异常激动地对你说："老妈，我明天就要参加少先队员的入队仪式了，从明天起我每天上学都需要佩戴红领巾了！"这时，你会说什么？

妈妈 A："从明天起就要每天佩戴红领巾了？那你总是丢三落四的，妈妈帮你再买五六条备着吧！"

妈妈 B："恭喜！恭喜你从明天开始就要成为一名少先队员啦！"

妈妈 C："恭喜你离成为一名共产党员又近了一步！"

孩子："妈妈，什么是共产党员？"

妈妈："你还记得去年的疫情防控时期吗？你经常问我，那些冲上去的叔叔阿姨都不担心被感染吗？那些叔叔阿姨当中有很大一部分就是共产党员，他们的责任感和使命感促使着他们冲向了抗击疫情的前线！"

孩子："那妈妈也是共产党员吗？"

妈妈："妈妈是共产党员，爸爸也是共产党员！"

孩子："天哪，我们家居然有这么多的党员！我要怎么样才可以成为共产党员？"

妈妈："你现在是少先队员，以后还会成为共青团员，再以后就可以申请加入中国共产党了！"

孩子："妈妈，你就是这样一步步加入中国共产党的吗？"

妈妈："当然！我加入少先队的时候唱的歌曲和你明天入队仪式上要唱的歌曲是一样的！"

孩子："我明天要唱什么，你说说看！"

妈妈："你们明天参加入队仪式的时候会唱中国少年先锋队队歌——《我们是共产主义接班人》。"

孩子："妈妈，你居然真的知道！那你会唱吗？我们一起唱啊！"

妈妈："当然！我们是共产主义接班人，继承革命先辈的光荣传统，爱祖国，爱人民……"

第二天，在入队仪式上，这个孩子在母亲传递给她的一种感觉下，站立得格外挺拔，队礼敬得格外标准，歌声也格外嘹亮！

少先队员不是一个名称，而是一种荣誉，一种非常骄傲的感觉。孩子获取了这种感觉，他便不会因为一些小事和同学斤斤计较，更不会因为鸡毛蒜皮的小事而不开心。当一个人拥有了博大的胸怀，他便会改变看问题的角度，提升看问题的视角。

有一个幼儿园中班的小朋友，她每天都是很早起床，第一个到幼儿园门口等候着开门。因为每天第一个走到老师身边的小朋友会被奖励两个小贴画，所以在老师的夸奖和小贴画的荣誉下，这位小朋友每天持之以恒地第一个出现在校门口。

有一个周末，这个小女孩的爸爸让小女孩组织到家里来的几个小朋友一起做游戏，孩子的爸爸给了女孩儿两大张贴画（其中有很多密密麻麻的小贴画），让她在游戏结束时，把贴画分配给在游戏中表现出色的小朋友。她在分配贴画的过程中体会到了组织的快乐，更感受到了自己分享给他人贴画的快乐。

　　到了周一，又是上幼儿园的日子。她一如既往地第一个站在了幼儿园门口，当大门打开的时候，有两个同班的小朋友和她一起走进了幼儿园，她们一边说笑一边向着老师的方向走去，在离老师越来越近的时候，其他两个孩子的神情就开始紧张了。她们为了争第二名已经不说话了，互相拉扯着，不希望对方向前。这时，经常得第一的小姑娘站出来说话了："你们不要来回拉了，都听我的，你站第一个，你站第二个，我上次已经领了小贴画了，我站第三个就好了！不许再来回拉啊！"三个孩子都很满意地站在了一起。

　　小女孩儿有了比物质追求更高维的精神追求，所以她用小贴画换取了大家的快乐。大家的快乐，就是她的快乐！

　　家庭是孩子接受教育的第一站，这第一站不仅要补齐孩子成长所需要的内在安全感、信任感以及价值感，还需要父母通过互动为孩子补充丰富的内在感受。内在感受的丰富与细腻程度决定了一个人的素质、素养，更决定了一个人看待问题的视角和维度。

Part 3
二胎教育与素质教育

　　一个有觉悟的老大，本身就是有责任、有担当的。他不可能是一个自私的人，而是具备基本的素质的。因为他行为的出发点不是只为自己，也不是为了满足物欲，他是有精神层面的追求的，他追求的是责任感和价值感。这种美好感觉的获取，是他在环境中行为输出的准则。

　　一个家庭中的老大在社会环境中也是以高维视角来看问题的，他会无形地顾及环境中每个人的感受，会无形地考虑每个人的权益。在这样的高维视角下，这个人是很值得信任的，不仅是情绪层面的信任，还有能力层面的信任。所以一个在家庭中有能力的老大，往往也会是工作和朋友圈中的老大。

　　一个自然条件下成长起来的老二，他在面对老大的呵护和照顾时，是有感激之情的。这样一个有着感恩之心的人，也是具备基本素质的。他懂得回报和回馈，所以他也不可能是一个自私的人，而是能体会和顾及环境中每个人的感受的。

所以，在自然状态下成长起来的二胎家庭的孩子（自然状态是指父母没有进行对人的选择，也没有进行对事的评判），一般来讲都不会是自私和自我的人，因为他们的成长环境造就了他们比独生子女家庭成长起来的孩子具备更多人与人之间相处的体验和感受。

丰富孩子的情绪是家庭教育的主旨，那么二胎家庭在"先天条件"下便占据了优势。因为二胎家庭孩子们之间的情绪互动，不仅丰富了彼此的情绪，还提升了彼此的素养（前提是父母不参与人、事、物的选择和评判）。

二胎家庭中的老大把苹果让出去，他获得的不是委屈，而是做老大的觉悟和价值感；二胎家庭中的老二把苹果让出去，他获得的也不是委屈，而是回馈与回报的美好感受。

相较于普通独生子女家庭中一个孩子的成长环境而言，在二胎家庭里，由于两个孩子是完全平等的存在，那么每一次互动都需要顾及对方的感受。而独生子女家庭中一个孩子的成长环境，由于父母无论从物质方面还是精神方面都是倾注在这一个孩子身上的，所以这个互动关系很难平等，这就是一个孩子的家庭，这个孩子考虑和顾及他人的感受就会相对少很多的原因。因为从某种程度上来讲，他几乎不需要考虑其他人的感受，因为在姥姥姥爷、爷爷奶奶和爸爸妈妈这样的大家庭里，大家都是在围着这一

个孩子转的。

No.1
二胎家庭的孩子可以在互动中提升感知力

　　人与人之间的互动，不同的节奏代表了不同的信息。这种节奏能力的提升，需要在彼此的磨合中达到精准传递信息的结果。例如，弟弟把一个玩具给哥哥玩儿。

　　　　弟弟："哥哥，这个玩具给你玩儿啊！"

> 用 Before 式的思维方式解读和还原弟弟的真实情绪：
> 1. 真诚的表达，想把玩具给哥哥玩儿。
> 2. 有求于哥哥，希望哥哥帮自己做件事情。
> 3. 逗哥哥玩儿，一种逗着玩儿的情绪而已。

　　同一种语言表达的背后，包含了多种情绪层面的可能性。人与人互动的一大痛苦，来自信息很难精准传递。对于二胎家庭的孩子而言，他们一般会有几年或者十几年这样的互动经历，对于他们来讲，都是在训练彼此的感知力以及信息的精准传递。

　　再回到弟弟的表达"哥哥，这个玩具给你玩儿啊！"假如弟弟想要传递的情绪信息是2，可是对于哥哥而言，并没有精准捕获到这个信息，他理解成了1，那么哥哥的回答很有可能是："你玩儿吧，我不想玩儿。"

这样一个结果的产生，可能兄弟二人都是有责任的。如果责任在弟弟，那么说明他信息传递得不够精准；而如果责任在哥哥，那说明他信息捕获得不够精准。但无论责任在谁身上，这次信息传递的结果都是失败的。

作为弟弟，他肯定是能感受到的，这时，他就会调整互动方式了。

弟弟："哥哥，这个玩具给你玩儿啊！"

哥哥："你玩儿吧，我不想玩儿。"

弟弟："那你在干什么呢？"

哥哥："我在玩我的奥特曼！"

弟弟："那你的奥特曼一定很好玩儿吧！"

哥哥："你想玩会儿就说你想玩会儿，不用绕这么大一个圈子。"说着哥哥就把手里的玩具递给了弟弟，弟弟接过玩具，看着哥哥开心地笑了。

通过弟弟的调整，兄弟二人完成了一次完美的情绪互动。其实哥哥也可以通过自己的感知，判断弟弟的真实情绪。

弟弟："哥哥，这个玩具给你玩儿啊！"

哥哥："你玩儿吧，我不想玩儿。"哥哥在表达完之后，发现弟弟的神情有些失落，就接着表达道："你是不是想玩会儿我手里的玩具啊？"这时，弟弟连连点头！

哥哥："哼，你一开口，我就能大概猜到你要做什么！给你吧，小不点儿，不过十五分钟以后就得还我啊！"

弟弟："好的，好的，十五分钟后我一定还！"

哥哥通过自己的判断，捕获到了弟弟的真实情绪，完成了一次完美的情绪互动。

久而久之，兄弟两个之间的互动就会达到一种默契，那就是弟弟满脸堆着傻傻的笑容看着正在玩儿玩具的哥哥，几分钟之后，哥哥受不了了："行了行了，别盯着了，给你玩儿还不行嘛！"弟弟不用表达任何一句话，哥哥便精准地捕获到了弟弟的情绪信息。这就是高效的互动、精准的互动。

其实每个人在人与人之间的互动中，都会有信息传递低效的苦恼。例如，在亲子关系中，你想让孩子每天按时起床，这个信息容易传递吗？在夫妻关系中，你想让爱人对你多一些关怀，这个信息容易传递吗？在人际关系中，你想让部门同事之间多一些理解，这个信息容易传递吗？信息的传递不是你表达了什么，对方就会接收到什么，而是一个巨大且繁琐的信息工程，但二胎家庭的孩子从小便在彼此磨合中完成了一部分训练，这就是可以提升他们感知力以及信息传递效率的原因。

有一位职场妈妈问过我一个问题："田老师，我们部门的老大总是误解我，她总是认为她交代给我的工作让我产生了个人情绪，但我真的没有。可是我每次都是越描越黑，越解释就越坚定了她的想法。像这样的事情，我应该怎么和她沟通呢？"

首先，我们能够发现的是，在各个行业、各个领域都以不同形式出现着沟通效率低下的问题；其次，即便是一个很小的问题，都可以把大家困住，因为很多问题在认知层面几乎是无解的。就像那位妈妈提出的那个问题，她的部门老大误会她了……

职场经理："你是不是对我的工作安排有意见？"

职场妈妈："我没有意见。您为什么总是认为我对工作安排有意见呢？"

职场经理："行，没意见就开始工作吧。"或者"通过你的表达，我感觉到的。"

这个时刻，好像无论如何解释，都在肯定和加固"有意见"这个信息。

其实，每次当我面对咨询者提出这样的问题时，我总是想回答："你看看家里两个孩子逗着玩儿的场景，便可以找到答案了。"

哥哥拿着弟弟的玩具举在半空中。弟弟："哥哥，你把玩具给我！"哥哥："我就不给，就不给！你过来追我呀！"这时，

弟弟捕获到的情绪是：哥哥在逗我玩儿呢，他不是真的不给我！

有了这种智慧和互动方式，你再去回答部门老大的问题呢？

职场经理："你是不是对我的工作安排有意见？"

职场妈妈："有意见，太有意见了！每次您布置工作，我都在想必须得提个意见。一会儿回去我边干活儿，边考虑这个问题，考虑好了，我就过来跟您提！"

这时对方最有可能就是"呵呵一乐"，感受到了你的玩笑情绪，这时候她才能获得"你是真的没意见"的情绪。由于我们的情绪单一，造就了很多沟通上的效率低下，这一点我们多观察一下孩子们之间的"不受限"的互动方式，就会受到很多启发。

二胎家庭孩子们之间的情绪互动，相当于他们提前为未来的人际互动打下了良好基础，他们会在相互磨合中找到信息传递最高效的"路径"。

No.2
两个孩子之间的"博弈"训练了彼此的思维方式

两个孩子之间的"博弈"训练了彼此的思维方式，让他们至少能够在思维的"第二层面"考虑问题。

　　一位二胎妈妈问自己的小女儿："爸爸已经到楼下了，你要不要跟我一起去接爸爸上来？"

　　小女儿指着自己身上穿着的卫衣问："我穿成这样，能去吗？"

　　妈妈："不能，你需要穿上羽绒服。"

　　小女儿："哦，那我就不去了，你自己去吧。"

以上的对话很有意思，妈妈问自己女儿的问题是"要不要去"，而女儿的回答却是"我穿成这样，能去吗"，好像问题和回答有些不匹配。而其实小女孩的思维方式是这样的：当妈妈问"要不要去"的时候，如果女孩儿回答的是"要"，那么妈妈就会进一步提要求说："那你去把羽绒服穿上吧。"这时，小女孩如果再说不去就很被动。所以她是直接站在妈妈未来会提要求的前提下进行询问的"我穿成这样，能去吗？"这时，即便妈妈回答的是"不能"，由于她还没有产生要去的想法，所以也不会进入被动状态。

以上对话是小女孩站在"第二层面"与妈妈进行的互动，那这种思维方式是如何被训练出来的呢？

　　如果你能站在两个孩子的角度，就很容易感受到这种思维方式是如何产生的了。例如，有一天姐姐对妹妹说："你的艾莎绘本怎么好久没看了？"

　　妹妹："哦，最近不太想看。"

姐姐："那我先拿过来看几天喽。"

妹妹："……"

渐渐地，妹妹的思维方式就变了。

姐姐："你的粉色小熊怎么好久没玩儿了？"

这时，妹妹开始进行预判，猜测姐姐接下来想要做什么，之后便给出类似的回答："姐姐，你想要借我的小熊吗？"这就是妹妹不回答是不是很久没玩儿的原因，因为她已经站在姐姐的想法下开始考虑问题了。

这就是两个孩子通过互动，都能够彼此提升思考问题的维度的原因。在人际互动中，由于我们缺少了这种维度，也就常常会把自己置于尴尬境地。

例如，你的一位同事问你："刘姐，周末有安排吗？"

你不假思考地回答说："没什么安排。"

对方接着表达道："那你能替我加一天班吗？"

这时，你即便是想要好好休息一下，恐怕也只能答应了。因为你的回答几乎不给自己留余地。这是缺少了什么呢？缺少了预判。那和孩子相处就不是这样吗？

孩子："老妈，你晚上有安排吗？"

妈妈："没什么安排，怎么了？"

孩子："那你陪我去看电影吧。"

这时，你即便是想在家里休息的，也不好意思回绝了吧。如果在孩子问出"老妈，你晚上有安排吗"，你的回答是："为什么这么问，你有什么安排吗？"这样站在高维的回答方式，就给了自己思考和选择的空间。

孩子提升思考问题维度的方式并不局限在"博弈"这一种形式上，孩子强大的感知力也是提升思维方式的一种途径。一个体会不到他人感受的人，思维方式是不会改变的。

弟弟拿着一个苹果正要把它吃掉，但此时他感受到哥哥渴望的眼神，于是他便把苹果让给了哥哥，或者把一半的苹果让给了哥哥。一个人具备强大的感知力，就能够体会到他人不一样的情绪，这时随之而改变的就是思维方式。

一个孩子成绩考得非常不好，但他体会到母亲为这件事情很是焦虑，于是他便产生了"好好学习，让她不要再焦虑的想法"；一个孩子本来打算出去玩儿，但他体会了一下父母下班回来还要做饭的辛苦，便放弃了出去玩儿的想法，主动下厨开始做饭；一个孩子和母亲拌了几句嘴之后，体会到了母亲的委屈，便主动站出来化解母亲的情绪……一个人的情绪被触动时，他的思维方式也会改变。

无论是两个孩子之间的情绪互动还是思维上的"博弈"，都在提升着孩子们的核心能力。这些能力的提升不论是在校园生活，还是社会环境里，都将给他们带来巨大的收获和"财富"。从这

个角度来看，二胎家庭如果成为社会普遍现象的话，能提升社会整体层面的素质，因为孩子们在互动过程中所具备的丰富感知和高维的思维方式，都是能够提升社会整体素质的核心要素。

注：书中没有标注老大老二性别的默认为哥哥弟弟，没有标注父母选择的默认选择老二。